clave

Deepak Chopra (India, 1947) es médico, pionero de la medicina alternativa y autor. Ha escrito más de 70 libros traducidos a 43 lenguas, varios de los cuales han estado en la lista de los más vendidos del New York Times. Se especializó en medicina interna y endocrinología, y en la actualidad es miembro de la Academia Estadounidense de Médicos y de la Asociación Estadounidense de Endocrinólogos Clínicos, además de desempeñarse como investigador científico en la organización Gallup. Su labor y libros han ayudado a millones de personas a comprenderse mejor y a vivir una vida más plena. Fundó, en 2009, el Centro Chopra, organización dedicada a mejorar la salud y el bienestar, cultivar la sabiduría espiritual, expandir la conciencia y promover la paz mundial. Es el divulgador de la filosofía oriental más destacado en el mundo occidental.

DEEPAK CHOPRA

Iluminación

Las siete lecciones del golf para el juego de la vida

Traducción Gerardo Hernández Clark

DEBOLS!LLO

Iluminación
Las siete lecciones del golf
para el juego de la vida

Título original: *Golf of Enlightenment*

Primera edición en Debolsillo: octubre, 2015

D. R. © 2003, Deepak Chopra

D. R. © 2015, de la presente edición en castellano para todo el mundo:
Penguin Random House Grupo Editorial, S.A. de C.V.
Blvd. Miguel de Cervantes Saavedra núm. 301,1er piso,
colonia Granada, delegación Miguel Hidalgo, C.P.11520,
México, D.F.
www.megustaleer.com
© Gerardo Hernández Clark, por la traducción

ISBN: 978-607-313-637-2
Impreso en México – *Printed in Mexico*

El papel utilizado para la impresión de este libro ha sido fabricado a partir de madera procedente
de bosques y plantaciones gestionadas con los más altos estándares ambientales, garantizando
una explotación de los recursos sostenible con el medio ambiente y beneficiosa para las personas.

Penguin
Random House
Grupo E ditorial

Índice

A mi padre, Krishan, quien me inspiró a jugar el juego de la vida, y a mi hermano Sanjiv, quien me enseñó que el juego de la vida se refleja en el juego del golf.

Agradecimientos

Mi más profundo reconocimiento y agradecimiento a mis amigos y familiares Wendy Werley y Tina Mickelson, por ser parte de mi equipo de golf mediante una serie de acontecimientos sincrónicos. Wendy, gracias por ser mi instructora; Tina, gracias por tu sabiduría y perspicacia. A Herb Moore, director del departamento de golf y gerente general, así como al personal del Meadows Del Mar Golf Club, Del Mar, California, por hacerme sentir como en casa.

A John Steinbach, John Crisci, Will Miele y Bob Maggiore de TalylorMade-adidas Golf Company por equiparme adecuadamente. ¡Adoro mis palos de golf!

A Rita y Mallika Chopra, Candice Chen y Baby T por respaldar la pasión familiar por el golf.

A Sumant Mandal, Gotham Chopra, Sanjiv Chopra, Amit Anand y Michael Bullock, mis compañeros de juego, por su paciencia y apoyo.

A Ray Chambers, Tom Barrack y José Busquets por compartir mi pasión cuando estaba «al sur de la frontera».

A Peter Guzzardi, Linda Loewenthal y Shaye Areheart por apoyarme y auxiliarme en la creación de este libro.

A Carolyn Rangel, ¡por organizar mi vida!

Un reconocimiento especial a Mike Sannon, presidente y director ejecutivo de KSL Recreation, y a La Costa Resort and Spa, especialmente a Ted Axe, vicepresidente y gerente general, Larry Kaufman, director de ventas y mercadotecnia, y a Jeff Minton, director del departamento de golf, por todo el apoyo a los programas del Centro Chopra para el bienestar, en particular al «Programa para la iluminación a través del golf».

Y gracias a Mitchell Spearman, un maestro extraordinario.

Prefacio

Por Jesper Parnevik

«¡Odio este &#%& juego! ¡Nunca volveré a tocar un palo de golf!» Posiblemente no exista ningún jugador de golf que no haya pronunciado estas palabras; no obstante, todos regresan al día siguiente para hacer otro intento. ¿Por qué? La respuesta es sencilla: ¡el golf es el juego más maravilloso que se ha inventado! ¿Qué otro juego puede convertir a personas aparentemente inteligentes y sensatas en locos de atar en cuestión de segundos?

Ningún otro deporte nos proporciona la montaña rusa emocional que nos ofrece el golf: los puntos altos son éxtasis puro y los bajos están llenos de desesperación e ira. El riesgo está en permitir que estos últimos se impongan.

Recuerdo cuando me convertí en profesional. Tenía veintiún años y toda la confianza del mundo. Estaba ansioso por salir a ganar todos los torneos y, para decirlo modestamente, mis expectativas eran muy elevadas. No obstante, los resultados no estuvieron a la altura. Pese a que cada vez me esforzaba más, ¡cada vez jugaba peor! Mi frustración no tenía límites; mis interminables horas en el campo parecían una absoluta pérdida de tiempo, pues cada vez que llegaba al punto de salida del primer hoyo, mi mente se llenaba de pensamientos desordenados e inconexos sobre posiciones y *swings*. Entonces decidí tomar un descanso y buscar nuevas formas de practicar y mejorar.

Siempre he tenido una mente abierta. Casualmente conseguí una serie de audiocintas de Deepak Chopra llamada *Magical Mind, Magical Body*. No tenía nada que ver con el golf, pero cambió definitivamente mi perspectiva del juego y de la vida. Deepak combina las filosofías orientales con la lógica occidental de una manera que todo resulta comprensible. Él me enseñó nuevas formas de pensar, comer, dormir y practicar golf. Mi mayor descubrimiento fue que el golf (y la vida) no es un juego que yo pudiera controlar ni dominar. En realidad, es un juego de dejar ser. El mayor enemigo de un jugador de golf no es el campo ni los otros jugadores; es esa voz que susurra en la cabeza: «No la vayas a lanzar al agua». Si logramos que esa voz sea nuestro mejor aliado y no el peor enemigo, las posibilidades se hacen ilimitadas. En este libro, Deepak ofrece todas las herramientas e instrucciones necesarias para lograrlo. No puedo garantizar que cumplirá con el par de inmediato, pero sí que entrará a un mundo completamente nuevo.

El golf es el juego más formidable, ingenioso y divertido que se haya inventado jamás, y Deepak le enseñará que la vida también lo es. Póngase cómodo y disfrute el primer libro sobre golf de uno de los más grandes maestros de este tiempo.

Una nueva manera de jugar

Iluminación es la historia de Adam, un hombre común, que empieza con una espantosa vuelta de golf y termina dominando el juego como nunca lo había soñado. Esto sucede gracias a una extraordinaria y misteriosa maestra, una joven llamada Wendy, quien le enseña a Adam cosas que al principio parecen fantásticas y místicas, pero que con el tiempo demuestran contener una gran sabiduría práctica.

Yo no jugaba golf cuando concebí este libro. Para mí, este juego era sólo una imagen pescada con el rabillo del ojo en los televisores de los aeropuertos. Un día, en un prolongado vuelo de Atlanta a California, me senté junto a un hombre que leía absorto una revista de golf. De cuando en cuando, llamaba a Dallas por teléfono para preguntar ansiosamente por los tiempos de los hoyos.

—A usted le encanta el golf, ¿verdad? —le comenté. Él me lanzó una sonrisa torcida.

—Creo que casi lo odio —contestó—. Estoy obsesionado con él. ¿Sabe una cosa? Siempre salgo del campo hecho una furia. Mis puntuaciones no me satisfacen y nadie puede conversar conmigo sin escuchar una retahíla de lamentos. Nunca me he visto envuelto en algo peor.

En ese momento se plantó la semilla de este libro, cuando un extraño mostró su relación de amor-odio con el juego. Si el golf no proporciona alegría y satisfacción, pensé, es que algo se ha perdido; quizá ese algo pueda recuperarse. El siguiente paso ocurrió cuando conocí por primera vez a una jugadora profesional de golf. Ella acudió al Centro Chopra de San Diego para tratar la migraña que había sufrido toda su vida.

—Estuve destinada al golf desde que nací —me comentó—. O tal vez desde antes. Creo que recibí mis primeras lecciones en el vientre, pues mi madre solía ver mucho golf en la televisión. Eso funcionó: tuve talento y me hice hábil. Pero desde que tengo memoria me han martirizado estos dolores de cabeza.

Decidí conocer más este juego mientras me concentraba en curar su migraña, pues ambas situaciones habían estado relacionadas casi desde el principio. Hablamos del aspecto espiritual del juego. El golf siempre ha tenido sus misterios, pero rara vez han sido tratados desde una perspectiva espiritual. Después de curarse de los dolores de cabeza con un curso de tratamientos psicosomáticos, la jugadora estuvo de acuerdo en que el golf podía abordarse de una nueva manera. Entonces hicimos un trato: Ella iniciaría un programa para enseñar golf como parte de las actividades del Centro Chopra (el cual se convirtió en el curso nuevo más exitoso de nuestra historia), y yo intentaría determinar con exactitud qué hace del golf una experiencia espiritual y exploraría cómo ese juego puede darnos lecciones para la vida cotidiana. Éste es el objetivo del libro.

¿Por qué existimos? No estamos aquí para buscar felicidad, que es fugaz, ni logros externos, que siempre pueden ser superados. Estamos aquí para fortalecer al Ser. El Ser es la fuente de nuestra realidad personal. Todas las percepciones regresan a él; todas las emociones regresan a él; todas las ideas regresan a él. El triunfo o el fracaso en el golf dependen de estos tres elementos.

Primero, la percepción. El golf empieza y acaba con la observación de la pelota. Todas las sensaciones que fluyen en nuestro cuerpo, por minúsculas que sean —una brizna de hierba en el área de *putting*—, afectan la dirección que tomará la pelota. Cuando la percepción es clara y concentrada, pareciera que la bola se dirige a sí misma directamente hacia el hoyo con la fuerza de lo inevitable. Es imposible dominar el golf sin una percepción totalmente clara.

Despúes, las emociones. En los torneos de los domingos hay un ganador porque, aunque los jugadores de golf poseen habilidades similares, sus emociones determinan el resultado. El miedo y la ansiedad se amplifican en este juego; la más mínima tensión en un grupo muscular importante puede afectar drásticamente el swing. Es imposible dominar el golf si no confrontamos las propias emociones.

Por último, las ideas. El golf requiere creatividad porque no hay dos vueltas idénticas. Cada posición constituye un reto, y la mente tiene muchas cosas que valorar cada vez que el jugador alza la vista de la pelota para considerar el viento, la temperatura, la humedad, la distancia al hoyo y el terreno. Si el pensamiento es rígido, es imposible dominar el juego.

La profesional que acudió al centro me tomó como alumno (no es casual que se llame Wendy, al igual que la maestra de este libro). Como de niño me apasionaba el *cricket*, no me fue difícil aprender las bases del swing. Mi maestra me felicitó por no tener malos hábitos. Algunos de mis primeros tiros salían disparados sin ton ni son; otros aterrizaban sorprendentemente cerca del hoyo. También me sorprendía la fuente de emociones que hacía erupción en algún lugar oculto de mi ser. Cuando atinaba un largo *putt*, me ponía frenético; cuando Wendy sonreía discretamente después de que yo erraba un tiro, me sonrojaba. Cualquier argumento de que era «sólo un juego» se desmoronaba como un débil malecón ante un huracán.

Me di cuenta de que ésta es una actividad que no se puede evadir ni tomar a la ligera: Atrapa, seduce, ofrece una recompensa inmediata y luego la arrebata. En un mundo justo, habría un anuncio en cada punto de salida: «NO ALIMENTE NI MOLESTE AL JUEGO. MUERDE».

Pero el Ser puede convertirse en nuestro aliado para domar este juego. Me apresuro a decir que no es necesario tener inclinaciones metafísicas para leer este libro; sus siete lecciones, breves y concisas, están dirigidas a todo jugador de golf que haya dedicado largas horas a mejorar su juego. El golf es una industria millonaria que se concentra exclusivamente en la esperanza. Los resultados de todos estos esfuerzos y gastos no siempre son positivos. El swing «perfecto» o modélico siempre es evasivo porque una perspectiva mecánica, basada únicamente en la técnica, tiene limitaciones intrínsecas. Al repasar constantemente los elementos del swing «perfecto» se obtiene cierto grado de objetividad, pero se pierde al Ser. Como el Ser es fundamental para jugar al golf, yo propongo un enfoque centrado en él.

Usted puede dominar este juego

En la fábula que se encuentra en la primera parte de cada capítulo, Wendy enseña a Adam cada vez que va a clase cómo encontrarse a sí mismo.

—¿Cuánto tiempo necesitaremos para convertirme en un maestro del juego? —pregunta él con escepticismo.

—No vamos a necesitar tiempo —contesta ella—. Lo vamos a hacer ahora.

El ahora es el único tiempo que existe en el golf. El swing siempre se da en el presente; cuando recorremos el *fairway* para pegarle a la pelota otra vez, de nuevo estamos en el presente. La iluminación no es otra cosa que el dominio de ese misterioso lugar llamado «ahora», en donde la intención y la atención se funden. Wendy le enseña a Adam cómo dominar el momento, que está en constante renovación, y con ello le enseña a dominar el juego de la vida.

Un día, en los inicios de mi aprendizaje, tuve una epifanía. Había estado entrenando para golpear la pelota de una manera que puede parecer poco común. Preparaba cada tiro imaginando una línea que corría desde mi corazón hasta la pelota. Expandía y contraía el diafragma a la altura del ombligo con unas cuantas respiraciones conscientes, un ejercicio que se utiliza en yoga. Este ejercicio fomenta la relajación; la línea del corazón a la

19

pelota, la concentración. Finalmente, pegaba la lengua al paladar para detener el diálogo interno de mi mente, otra técnica del yoga. Cuando tiraba, el golpe era suave, sencillo, natural. La pelota remontaba el vuelo. Ese día en particular terminé mi recorrido y salí del campo y, por alguna razón, nada cambió. Mi mente seguía tranquila, los acontecimientos fluían a mi alrededor y observaba todo lo que ocurría con una sensación de paz.

El mismo estilo suave, sencillo y natural que ahora formaba parte de mi juego, permaneció durante el resto del día. Recordé que según las antiguas escrituras de India, la sabiduría más elevada consiste en ver el universo desde la perspectiva de Dios; no como una máquina, una obra de arte, un terreno de pruebas para el karma ni como un enorme teatro. Sin duda, la vida es todo esto, pero en última instancia, afirman los antiguos sabios, es *Lila*, un juego.

Lila no significa combate encarnizado. El juego divino no es una competencia, sino un juego que se realiza por el placer de jugar. Lila posee la inocencia absoluta que los niños pequeños tienen por naturaleza. En ese momento mi epifanía fue ésta: Lila nunca se pierde. En la vida, cualquier persona puede ser inocente, natural, sencilla y puede remontar el vuelo. Hasta que alcancemos este estado, el estrés de la vida seguirá cobrando su cuota. La frustración y el sufrimiento son resultado de la inocencia perdida. Desde la perspectiva más elevada, estamos cometiendo un error al restringir el éxtasis al Cielo y a la vida futura. No hemos sabido reconocer el don divino que permite crear el Cielo a partir de la vida en la Tierra.

Si piensa que he dado un paso muy largo desde una vuelta de golf hasta una visión utópica, tiene toda la razón. Venga y haga el mismo viaje. Hace falta dar un salto visionario para dominar la vida y jugarla a plenitud. «Cuando miras alrededor, hay eternidad por todos lados», dijo un maestro de espiritualidad a su discípulo. «Las personas no ven eternidad porque su visión es demasiado estrecha. Sin embargo, nada puede alterarla o hacerla desaparecer.»

La existencia de las personas cae dentro de límites y hábitos mezquinos, viejos condicionamientos y bajas expectativas. Si tratamos de abordar el golf de la manera equivocada —si intentamos controlar el aspecto técnico desde el ego—, reforzamos estas limitaciones. Si lo abordamos de la manera correcta —dejando que el espíritu sea libre para disfrutar de Lila—, estas limitaciones desaparecen.

Jugar en el jardín del Edén

El golf se juega en un Edén hecho por el hombre, un jardín. Se procura que el entorno sea hermoso con el fin de refrescar los sentidos; de hecho, cuando entramos al campo tenemos una segunda oportunidad para disfrutar de un paraíso. Cuando abordamos el juego desde el espíritu, lo más importante no es ganar, sino crecer. Pese a que algunas personas han hecho de este juego su religión, todavía no han encontrado su esencia espiritual. El golf es un viaje hacia la maestría, y cuando alcance esa maestría, toda su vida crecerá enormemente, mucho más allá de lo que se imagina.

El jardín del Edén no es un lugar físico, sino un estado interior. Creo que el golf es adictivo porque nos tienta con la esperanza de regresar a un lugar donde el espíritu es exaltado. No es tirar por debajo del par lo que hace al juego tan seductor, sino tirar por arriba de uno mismo. ¿A quién no le gustaría regresar a la alegría descrita por el rey Salomón en los siguientes versos?

Mis ojos resplandecen con tu luz,
Mis oídos se deleitan con tu música,
Mi nariz está llena de tu fragancia.
Mi cara está cubierta de tu rocío.
Tú has hecho que todas las cosas se vean brillantes,
Tú has hecho que todas las cosas se vean nuevas.
La luz celestial me baña, y soy como el paraíso.

Este estado exaltado parece muy distante de la realidad cotidiana. ¿Cómo puede ayudar esto a mejorar mi juego? ¿Dónde están las agallas, la ofensiva, el combate? En ninguna parte. La maestría en el golf consiste en encontrar este estado espiritual exaltado y convertirlo en una experiencia habitual. Los sabios de la espiritualidad dicen que nos perdemos en los símbolos y que por ello olvidamos nuestra esencia. La puntuación personal es uno de esos símbolos: Significa éxito o fracaso, la consecución de una meta que nos habíamos propuesto o el enfrentamiento con amigos o enemigos. Si equiparamos nuestra imagen con la puntuación, contaminaremos el juego y terminaremos por destruir esta fuente de placer. Incluso si esto no ocurre, la puntuación no es un buen símbolo de las recompensas interiores que proporciona el juego. La experiencia espiritual no se localiza en alguna zona por arriba o por debajo del par. No importa si lo llamamos regresar al Edén o a nosotros mismos, pues las palabras también son símbolos. La esencia consiste en gozar la expresión del espíritu, sin preocuparse por lo demás.

El golf es un camino, pero podemos desviarnos de él de maneras incluso sutiles: Siendo severos y estrictos con respecto al juego, jugando indolentemente cuando damos por hecho que hemos perdido o imponiendo el código personal de comportamiento a los demás jugadores. Todas estas actividades superfluas conducen al caos, y los jugadores que las permiten sienten ira y frustración vuelta tras vuelta. Yo sabía que había otro camino. Al igual que en la vida, la frustración produce amargura y la ira destruye la capacidad de disfrutar. En realidad, es con las pequeñas pérdidas, más que con las grandes, con las que olvidamos la inocencia de Lila. Este libro trata sobre cómo recuperarla.

Un maestro del juego

Vas a ser grande. Sólo haz lo que yo te diga.

Para Adam Seaver, un jugador del área metropolitana de Boston, todo comenzó una tarde de domingo en el noveno hoyo. Era uno de esos días de agosto terriblemente calurosos, con un cielo encapotado por nubes amenazadoras. Las aves permanecían en los árboles para escapar del calor. Adam acababa de hacer un tiro espantoso, un *hook* lento y flojo que fue a dar al *rough*. Parpadeó sin dar crédito a lo que veía: la pelota recorrió apenas unas ocho yardas, pero todo había ido mal. Su cuerpo estaba muy tenso por los desastres anteriores. Después de hacer *bogey*, *bogey* y *bogey* doble en los hoyos sexto, séptimo y octavo, sus compañeros dejaron de decir: «Es sólo un juego», hablaron sobre el mercado de valores y continuaron caminando.

Adam estaba tan enfadado que ni siquiera preparó su siguiente tiro y terminó echándolo a perder. Sin detenerse, hizo un nuevo golpe. Otro error. Esta vez sus hombros giraron tan rápido que por poco pierde el equilibrio y cae.

Adam sintió que se ruborizaba; podía escuchar las risotadas apagadas del *foursome*. Su grupo lo estaba esperando en el punto de salida y lo veía hacer el ridículo a una distancia de ocho yardas. Se había adelantado apresuradamente hacia el *green* al sentir unas gotas de lluvia.

«Ponte de pie, echa un vistazo, haz un swing de práctica y dispara», murmuró Adam repitiendo el protocolo que había aprendido de su maestro.

Su siguiente intento, un golpe violento y dispar, marcó una media luna en la superficie de la pelota, la cual saltó como un pato herido y pasó por arriba del fairway directamente hasta el rough opuesto.

—Cuarta posición —gritó uno de los espectadores desde el punto de partida.

En ese momento, Adam sólo tenía una cosa en mente, y no era esa cruel empresa llamada juego; lo único que rogaba era que le quitaran todas las miradas de encima. Trotó hacia el otro lado del rough, agarró apresuradamente un palo para tiros altos y miró fijamente la pelota. Ésta le hizo un gesto burlón con su nueva sonrisa torcida.

—Ahora sí voy a matarte —prometió Adam.

¡Zas!

Fue necesario un safari para encontrar la pelota; ya que recorrió un largo trecho, pero cambió malévolamente de dirección hacia la derecha. El *caddie* de Adam la siguió. Como era un muchacho nuevo, se estaba divirtiendo bastante con este recorrido.

—Es una posición pésima. ¿Quiere que le muestre dónde está? —dijo señalando el bosque.

—No, si quieres seguir viviendo —murmuró Adam entre dientes. Entonces entró sin compañía, con un *wedge* en la mano y cortando a tajos la maleza seca. Las telarañas se adherían a su cara sudorosa. Algo en el suelo se alejó deslizándose. Ahora era una cuestión de supervivencia.

Finalmente, llegó a la pelota. Estaba medio enterrada entre lodo y hojas viscosas. La llovizna gris se filtraba entre los pinos y se acumulaba en grandes gotas frías que se estrellaban en el cuello de Adam. Sentía odio contra los maleducados espectadores, los obstáculos traicioneros, el deprimente clima, su mala suerte, su pésimo swing e incluso contra sí mismo. No podía recordar otra ocasión en la que se sintiera tan solo.

Fue entonces cuando la voz dijo: «Vas a ser grande».

Adam dio un paso atrás y escudriñó a su alrededor.

—¿Quién es? —inquirió.

Un desconocido salió de entre las sombras de los pinos. Se veía un poco mayor que Adam, que tenía treinta y seis años. Era delgado, bastante bajo y tenía el cabello oscuro. Su ropa le ajustaba perfectamente, lo que desafiaba la bochornosa humedad de agosto.

—Vas a ser un maestro del juego —insistió tranquilamente el extraño.

—¿De qué habla? —las palabras salieron de la boca de Adam cargadas de desconfianza y humillación—. ¡Me están masacrando!

—Y no es la primera vez. Yo también he estado aquí, créeme —agregó el extraño fijando sus grandes y firmes ojos en Adam. Estaba demasiado oscuro para determinar si éstos eran de color café o del azul más intenso.

Adam no podía asimilar lo que sucedía; estaba confundido y se sentía en el infierno.

—¿Su pelota está por aquí? —preguntó con impaciencia.

—No.

—Entonces tiro yo.

—Sí —dijo el hombre al tiempo que levantaba su pálida cara hacia las nubes—. Pronto empezará a llover. No hay paz para los malvados.

—Supongo que intenta animarme. Se lo agradezco —dijo Adam con voz ronca. En ese momento debió regresar a su tiro imposible, pero algo dentro de él agradecía la interrupción.

—No estoy tratando de animarte. Vas a ser grande.

Era la tercera o cuarta vez que decía lo mismo, pero la primera que Adam realmente lo escuchaba. El extraño asintió levemente.

—Pero tienes que hacer lo que yo te diga.

—¿Por qué habría de hacerlo? —preguntó Adam. Entonces dio un paso atrás. Algo lo inquietaba del extraño; tal vez su inesperada aparición de la nada. Adam sintió algo fangoso debajo de su zapato.

—Acabas de enterrar tu pelota —señaló el extraño.

—Ya lo sé —en ese momento Adam deseó poder hundirse con ella.

—No desesperes. Creo que todavía tenemos una oportunidad.

—¿Para el tiro? —preguntó Adam incrédulo.

—No, para ti.

En ese instante, la profecía del extraño se hizo realidad: Empezó a caer un aguacero justo a tiempo para sacar a Adam del atolladero. Ahora podría regresar al club de tribuna y olvidar este día. Nadie del foursome se burlaría de él; todos eran antiguos socios o amigos.

Adam empezó a sentir una leve punzada de esperanza. El próximo domingo empezaría de cero. Todavía le quedaban algunos buenos tiros y con unos cuantos coscorrones del maestro…

—Deja de pensar de esa manera y escucha.

La voz del extraño se abrió camino bruscamente a través del estrépito del aguacero. Adam estaba asustado.

—Tengo que irme. Me están esperando —mintió.

—Toma el primer camino de tierra después del depósito, el que va a dar a la carretera vieja. Ya sabes cuál es —dijo el extraño alzando la voz como si Adam estuviera al otro lado de una gruesa pared.

—No, no lo sé —replicó mintiendo de nuevo. Adam recordaba perfectamente la vieja carretera del pueblo de su infancia. Ya nadie la usaba, salvo las parejas de adolescentes que buscaban un tramo de solitaria oscuridad.

El extraño no lo contradijo.

—Sólo ve allá —indicó.

—¿Por qué?

El hombre ya le había dado la espalda y en unos cuantos segundos se alejó. Adam salió del matorral mirando a su alrededor. Su caddie, apostado bajo un viejo roble, tuvo la decencia de abrir una sombrilla y sostenerla sobre la cabeza de Adam sin que nadie se lo pidiera.

Adam luchó consigo mismo durante varios días, preguntándose si debía ir o no. Le preocupaba que fuera peligroso, pero eso no tenía mucho sentido. El momento decisivo se presentó cuando su hermano menor, Ethan, le pidió que jugaran al golf juntos. Nadie de su propia sangre lo iba a ver humillado, así que cuando decidió ir, no se lo dijo a nadie.

Fue fácil encontrar el primer camino de tierra que daba a la carretera vieja. A los lados corrían largas líneas de centenos entre viejos surcos de llantas. Adam dirigió su coche hacia el camino y avanzó varios kilómetros mientras se aseguraba que estaba perdiendo el tiempo. Sin embargo, miraba los viejos árboles del sendero que lo ocultaban del sol de cuando en cuando. De hecho, si no hubiera estado atento al camino, no hubiera podido ver la cabaña.

Se dirigió hasta ella y, antes de bajar, miró hacia atrás para ver el largo rastro de polvo seco que había levantado el coche. Tenía que ser ahí. Incluso los surcos terminaban ahí y el camino desaparecía entre la maleza y las sombras. La cabaña estaba hecha de tablones grises. Era más grande que un cobertizo para herramientas, pero demasiado pequeña para guardar vacas o algo más grande que un tractor. Adam se dirigió a la puerta y se sorprendió al ver que tenía bisagras nuevas. Abrió. Percibió una húmeda oscuridad, pero en vez de oler a moho tenía un ligero aroma a fairway recién podado. Era un olor que lo invitaba a pasar.

Cuando sus ojos se acostumbraron a la oscuridad, Adam comprobó que su primera impresión era equivocada. La cabaña no estaba vacía, al menos no del todo. Del techo colgaba una red que llegaba hasta el suelo, y éste no era de tablones ni de tierra, sino de césped verde artificial. Adam ya había visto eso antes; era un campo techado para prácticas. Su abuelo tenía uno parecido en el sótano de su condominio de retiro en Florida. Se trataba de lanzar las pelotas de golf hacia la red y un medidor integrado indicaba qué distancia, en teoría, había alcanzado el tiro. Adam recordó que cuando tenía doce años golpeó tan fuerte una pelota que el medidor marcó doscientas cincuenta yardas. De hecho, éste era uno de sus recuerdos más preciados.

A Adam no le sorprendió encontrar en el suelo alguna que otra pelota perdida y, cerca de ellas, recargado contra una ventana empañada, un hierro siete oxidado. «Está bien», pensó. Tomó el palo y acomodó una pelota en el césped sintético. Con un sencillo medio swing trazó un arco hacia la red. No pasó nada; no había indicadores que señalaran la magnitud del tiro.

—Llegas temprano.

Era la voz de una mujer joven. Adam giró sobre sus talones.

—¡Me asustaste! —replicó Adam, en un tono de sorpresa y reproche. La chica encogió los hombros y sonrió.

—Esta máquina no te servirá de mucho si no la prendes —dijo estirando la mano para oprimir un interruptor que estaba en la pared. Adam no lo vio en su primera inspección y, al igual que las bisagras, era nuevo. Con un movimiento, la joven encendió las luces del techo y al mismo tiempo proyectó una imagen sobre la pared posterior. En vez de una extensión lisa de madera, apareció un fairway verde, largo y recto con una ligera elevación al final. A la distancia, se podía ver la punta del palo del banderín.

—¿Está bien así? Pensé que era muy pronto para curvas pronunciadas o *búnkeres* —preguntó la chica.

—¿Quién eres?

Adam todavía estaba espantado. La joven no podía tener más de veinte años. La pregunta de Adam la detuvo, parecía que no la hubiera esperado o que necesitaba unos segundos para pensar una respuesta verosímil. Era delgada, tenía los hombros bronceados y desnudos y llevaba el rubio cabello recogido con la gorra de golf. Vestía una playera blanca sin mangas y shorts azules. Su cara era franca y agradable, era la cara de una persona que hacía las cosas sin forzar la mandíbula.

—Me llamo Wendy.

—Bien —Adam desconfiaba a pesar de la encantadora sonrisa que ella le mostraba—. Sabías que yo iba a estar aquí. ¿Quién te envió?

—Nadie por quien debas preocuparte. ¿Quieres hacer otro tiro, o quieres que te haga algunas observaciones sobre el primero?

—Ése no fue un tiro —protestó Adam y balanceó el palo.

—Un tiro siempre es un tiro —dijo Wendy—. Inténtalo otra vez y déjame ver.

La autoridad de su voz lo puso nervioso, pese a que Wendy hablaba suavemente. Adam medía poco más de un metro ochenta y Wendy apenas le llegaba al hombro.

Adam preparó una segunda pelota. Se sentía inseguro. Wendy le acomodó el codo derecho tocándolo sutilmente.

—Ahora —dijo ella.

Libre de dudas, Adam levantó el palo. Conforme hacía el swing sintió cómo el peso de su cabeza se movía con él; primero tirándolo y después uniéndose a su movimiento y reforzándolo.

Hubo un chasquido sólido al momento del contacto; el resto del movimiento fluyó con naturalidad.

«¡Vaya!», pensó Adam, mientras veía que la pelota se elevaba formando un arco amplísimo y parecía quedar suspendida en el aire por un tiempo antes de regresar a la tierra a unas doscientas veinte yardas de distancia.

—Ése me gustó. ¿Y a ti? —preguntó Wendy mientras se dirigía a la red para recoger las dos pelotas. Adam no podía creerlo.

—Vi cómo volaba la pelota. Vi cómo subía y seguí todo su recorrido hasta que aterrizó —dijo antes de que su voz se apagara.

—Te voy a mostrar algo.

Adam dio un paso atrás mientras ella acomodaba una pelota en el *tee*, y como todavía estaba aturdido por su tiro, no estuvo atento a la demostración. Sin embargo, cuando escuchó el golpe del palo contra la pelota, sus ojos fijaron la mirada. Vio cómo la pelota remontaba el vuelo más y más arriba describiendo un arco mayor que el suyo. Por un momento, la pelota flotó inmóvil en el aire. Toda la conciencia de Adam quedó suspendida con ella. Luego vio como en cámara lenta el descenso de la pelota hacia el green que apareció súbitamente. Sin previo aviso, el tiempo se aceleró; la pelota cayó y aterrizó justo en el centro del hoyo.

Adam no cabía en sí de emoción.

—¿Cómo lo hiciste? —preguntó.

—¿Hacer qué? —preguntó Wendy evidentemente complacida.

—¿No viste? ¡Fue un hoyo en uno! —exclamó Adam—. Yo estaba justo ahí con la pelota, y ésta cayó exactamente en el hoyo.

Por alguna razón, un hoyo en uno no era lo más emocionante del mundo para Wendy, quien recogió la pelota de la red y la limpió con el extremo de su playera.

—Habrá que limpiar este lugar —dijo sin dirigirse a nadie en particular.

—¡Vi la pelota! —Adam casi gritaba—. ¡Es imposible!

—Está bien —dijo Wendy sin dar más explicaciones.

—No está bien —protestó Adam, pero, antes de que pudiera decir algo más, Wendy señaló con un dedo hacia la imagen del proyector. Adam buscó el lugar que ella señalaba: el banderín. Luego entrecerró los ojos y observó más de cerca. Había un ligero movimiento; el banderín ondeaba con el viento.

«¡Dios santo!», pensó Adam.

—Es la máquina. Enviaron una buena; deberías alegrarte —dijo Wendy—. ¿Mañana a la misma hora?

Wendy se acomodó la visera de la gorra y caminó hacia la salida. Adam quiso tomarla del brazo, pero no la alcanzó.

—¿Qué estás haciendo? —preguntó sin dar crédito a nada de lo que había visto.

—Voy a hacer de ti un gran jugador —contestó Wendy.

Con su particular actitud de autoridad, se dirigió hacia la puerta y la abrió. Un rayo de luz convirtió a Wendy en una negra silueta por un instante. Al siguiente momento, Adam se encontró solo en la oscura cabaña. No la vio apagar el interruptor.

Adam sabía que iba a regresar.

Lección uno

La mente integrada

Al día siguiente, el miércoles, Adam salía temprano del trabajo. Si pasaba una hora en la cabaña, podría llegar a casa antes de la cena. Había guardado algunos zapatos de golf y sus palos en el maletero del coche. Justo después de la comida comenzó a sentir cómo crecía su emoción. La última media hora fue eterna.

Mientras conducía por el viejo camino de tierra, escuchaba el roce de los tallos de centeno con el coche.

«¿Y si no está?», pensó Adam. «¿Qué tal si lo del domingo fue una extraña casualidad?» Wendy ni siquiera había acordado una hora específica para hoy. ¿Cómo podrían coincidir?

Ella estará ahí. Adam no tenía que pensarlo.

Se detuvo frente a la cabaña. Se veía igual que la vez anterior, pero cuando abrió la puerta, con los palos echados al hombro y sus zapatos en una mano, vio que Wendy estaba barriendo mientras tarareaba suavemente.

Wendy saludó a Adam por encima del hombro mientras vaciaba el recogedor por una de las ventanas rotas.

—¿Dónde está tu coche? —preguntó Adam.

—Vamos a ver tu putt —contestó Wendy.

Adam se quedó parado un momento pensando por qué Wendy evadía sus preguntas. Finalmente, decidió que ése no era el momento para cuestionarla.

—Si vamos a practicar el putt, creo que no necesitaré éstos —dijo Adam poniendo a un lado sus zapatos negros.

—Necesitarás todo lo que te pones normalmente. ¿No usas gorra? —preguntó Wendy al tiempo que dejaba la escoba, caminaba hacia la pared y oprimía el interruptor. Las luces se encendieron como la vez pasada, pero ahora la imagen que se proyectaba en la pared era la de un amplio y llano green para putt.

—Sí, sí uso —dijo Adam y sacó de su bolsillo trasero una gorra enrollada— ¿En verdad necesito usarla?

Wendy asintió con seriedad.

—Hoy vamos a empezar por lo básico. Los detalles son importantes si quieres que tu juego sea perfecto.

Adam se estaba amarrando las agujetas y alzó la vista.

—¿Perfecto? —preguntó con desconfianza—. ¿Cuánto tiempo necesitaré para eso? Tendría que venir durante unos diez años, y también necesitaría un cuerpo nuevo.

—No vas a necesitar tiempo —contestó ella—. Lo vas a hacer ahora.

Adam estuvo a punto de reír, pero empezó a sentir unas curiosas oleadas, como si un flujo de energía viajara desde su cabeza hasta los dedos de los pies, y desde el centro del pecho hasta los dedos de las manos. «¿Qué fue eso?», pensó, pero la sensación desapareció antes de que pudiera asustarse. En esa fracción de segundo, dentro de él hubo una ligera pero significativa transformación.

—Integra tu mente —dijo Wendy. Su voz suave, llenó la mente de Adam.

—¿Integra tu mente? —contestó él convirtiendo la frase en pregunta. Wendy asintió.

—Ahora veamos tu putt —dijo ella. Con movimientos rápidos, echó una pelota al césped artificial, y luego dirigió la mirada hacia el green. Adam se puso en posición y practicó algunos tiros de calentamiento tal como le habían enseñado.

—Integra tu mente —dijo en voz baja.

—No tienes que repetirlo —replicó Wendy.

—Pensé que era una especie de mantra o algo así —dijo Adam.

—No.

«¿Entonces qué significa?», masculló Adam para sí. Luego siguió calentando.

—¿Estoy agarrando bien el palo? —preguntó.

—Sólo mira la pelota —contestó Wendy.

Adam miró la pelota y luego la imagen de la pared. Era una diapositiva común y corriente; nada mágico como el primer día. Se preguntó adónde debía apuntar. Entonces imaginó una línea que atravesaba el césped sintético y que subía por la pared hasta el hoyo. «Bueno, aquí vamos», pensó.

—No, espera —interrumpió Wendy—. Mira la pelota.

—Lo estoy haciendo —replicó Adam sin levantar la vista del putt.

—No lo estás haciendo —insistió ella.

Wendy se acercó y le quitó el palo.

—Esto puede servirte: junta las manos como si estuvieras agarrando el palo. Ahora, mira la pelota.

Adam siguió sus instrucciones, aunque al principio se sintió un poco torpe. De pronto, sintió otra oleada de energía en su cuerpo, aunque menos intensa que la primera. La atmósfera se tranquilizó. Adam se dio cuenta de que su mente se aplacaba al vaciarse conforme sus pensamientos se arremolinaban y, simplemente, se iban.

Mira la pelota.

Esta vez nadie dijo nada; la pelota captó toda su atención. Adam no pudo evitar verla mientras crecía más y más en su visión hasta ocuparla completamente.

—Así esta bien —dijo Wendy—. No me mires a mí. Sólo toma el palo.

Adam sintió que el palo se deslizaba en sus manos. Se tomó un momento para afianzarlo y luego miró hacia el hoyo. Pero ya no era sólo un agujero proyectado en la pared; ahora estaba justo frente a él y la superficie bajo sus pies era hierba. En este nuevo escenario, pudo distinguir una línea perfecta entre él y el hoyo. Su corazón comenzó a latir con fuerza. Lleno de emoción, Adam alzó el palo hacia atrás.

—Todavía no —dijo Wendy—. Mira el hoyo.

Él no protestó, pues comprendió de inmediato lo que Wendy quería decirle. Tenía que ver el hoyo del mismo modo que veía la pelota. Adam se relajó. Cada vez se familiarizaba más con el procedimiento. Esperó, su mente volvió a aclararse y sintió de nuevo esa suave oleada de energía en su cuerpo. El hoyo se hacía más y más grande, igual que la pelota, hasta alcanzar el tamaño de un aro de baloncesto.

—¿Ahora? —preguntó en un susurro. La impaciencia por meter este hermoso y perfecto putt era casi insoportable.

Wendy apagó las luces y la imagen del green se desvaneció. Adam se enderezó sobresaltado.

—¿Por qué hiciste eso? ¿Qué pasó con mi putt? —su voz era tan áspera que él mismo se sorprendió.

—El putt entró —dijo Wendy.

—Ni siquiera tiré. ¿Cómo pudo haber entrado?

—Porque tenía que entrar. Los putts que entran *tienen* que entrar. Tú viste la pelota y viste el hoyo. Ningún otro factor interviene en la ecuación. Felicidades.

Adam aventó el *putter* al suelo. Las dudas y la confusión que había contenido desde que encontró al hombre en el bosque explotaron.

—Gracias por el juego psicológico, pero renuncio. No sé quién es usted ni quién era ese tipo que apareció de la nada el domingo, ni qué quieren de mí, pero sí sé una cosa: yo me largo.

Adam se sentía furioso y desamparado al mismo tiempo.

—Ésta fue una buena lección —dijo Wendy con calma.

—Sin duda.

Adam estaba preparado para otra ráfaga de ira incontrolable, pero no sucedió.

—No, lo digo en serio —afirmó Wendy—. Estamos profundizando y eso es bueno.

Ella parecía realmente complacida. Tenía uno de esos rostros que no ocultan lo que la persona está sintiendo.

La respiración agitada de Adam empezó a regularizarse otra vez. Estaba igual de confundido, pero sentía que había liberado algo grande y que estaba exhausto.

Pasó un rato antes de que pudiera hablar coherentemente.

—¿Qué fue eso? —preguntó.

—Una pequeña descarga de energía. Siempre sucede, es como el humo que queda después de la combustión. No te preocupes.

—¿Es normal explotar así? —preguntó Adam. Sentía que sus piernas y sus brazos estaban tan débiles como los de un gatito.

—Depende de cuánto haya estado conteniendo uno. En tu caso, mucho.

—¿Y ahora tengo menos?

—Sí. Fue una buena lección —repitió Wendy—. Y tu putt sí entró. Créeme.

En el golf

La primera lección es sobre la percepción. Hay momentos, como todo jugador sabe, en que parece que la pelota cambia de tamaño, en que el hoyo se hace más grande o en que el green parece saltar de repente y estar tan cerca de nosotros que sentimos que podemos estirar la mano y tocar el banderín. No son ilusiones ópticas, son claves para el juego. Un veterano jugador de la PGA,* Billy Mayfair, impuso el récord de puntuación para nueve hoyos. Hizo ocho *birdies* consecutivos (lo que ya era un

---

* *Professional Golfers' Association*. Asociación de jugadores profesionales de golf. (*N. del T.*)

récord) seguidos por un par. La puntuación final de los nueve hoyos fue de nueve bajo par. Cuando le preguntaron qué había ocurrido durante esa vuelta, Mayfair contestó: «Los hoyos se veían tan grandes como tinas de baño. Todo lo que hice fue quitarme de en medio». En esos momentos de percepción alterada, todo es posible.

La percepción es lo que nuestra mente hace con la información que recibe de todas partes. En el golf, las percepciones del jugador son especialmente complejas: El jugador está rodeado por la naturaleza, caprichosa e impredecible; hay que tomar en cuenta la luz y el viento, la temperatura y la distancia, la ondulación del terreno y los obstáculos —árboles y maleza crecida—. Todo interviene en la ecuación del tiro. Estos factores cambian de un momento a otro. El viento golpea y se arremolina; hay que lidiar con una posición cuesta arriba, cuesta abajo o inclinada; un putt puede comenzar a plena luz y terminar con una iluminación crepuscular.

Cualquier distracción provocada por los cambios del escenario puede afectar el swing. La mayoría de los jugadores permanecen distraídos aun cuando piensan que no lo están. Cuando no hay distracciones, lo que vemos es lo más importante; el escenario circundante pierde control sobre la mente. Los sabios de India llaman a esto «atención exclusiva», la habilidad para ver una cosa, solamente una.

En el golf, la percepción debe centrarse en la pelota. Una y otra vez, los instructores repiten: «Mantén la vista en la pelota»; sin embargo, pocos jugadores lo hacen de manera sistemática. La percepción tiende a vagar por naturaleza: Está entrenada para escudriñar los alrededores. Es placentero echar una gran red y recoger tantas sensaciones agradables como sea posible. (Un ojo errante ha arruinado más juegos que matrimonios.*)

La percepción es misteriosa porque puede permanecer abierta y ser exclusiva al mismo tiempo. Para lograrlo, debemos mantener la vista en la pelota sin quedar hipnotizados. Nuestros sentidos deben mantenerse hacia los factores externos —la posición de la pelota, el terreno, el viento, la temperatura, etcétera—, pues de otra manera no podríamos ajustar el swing a las distintas situaciones. Estos dos requisitos, la apertura y la atención exclusiva, son opuestos.

La mente concibe los opuestos; el espíritu los reconcilia.

Al decubrir la importancia de mantener la vista en la pelota, casi todos los jugadores se esfuerzan por escapar de las distracciones. Por ejemplo, quieren evitar los ruidos y procuran no tirar hasta que todo está lo más silencioso posible. Sin embargo, es imposible controlar el entorno y, aunque se pudiera, no hay que olvidar el constante parloteo de la mente. La lucha por la atención exclusiva provoca una guerra interna que produce tensión, y la tensión echa a perder cualquier tiro.

¿Qué pasa si decidimos evitar la guerra? La atención sucede espontáneamente cuando el deseo de ver no está bloqueado. Cuando estamos enamorados, por ejemplo, no podemos apartar la vista del ser amado. No hay guerras internas ni impulsos que distraigan la atención.

* La expresión *to have a roving eye*, tener el ojo errante, significa «ser mujeriego». *(N. del T.)*

Podemos decir que hay que amar a la pelota del mismo modo.

Para amar a la pelota es preciso integrar la mente.

La primera lección es en realidad la última y todas las intermedias. Quitarse de en medio significa que en vez de vernos en partes, nos veamos como un todo; en ese momento veremos la pelota, la amaremos y seremos uno con ella. Las tres cosas ocurren de manera simultánea. El ansiado cambio de percepción —ese mágico aumento que hace que la pelota crezca y que el hoyo sea del tamaño de una tina— es la consecuencia de ser uno con la pelota, no la causa. No podemos obligar a la pelota a que crezca, pero sí podemos cambiar la percepción.

Sabemos que la atención alimenta a los niños y que su ausencia y el abandono tienen graves consecuencias. La alimentación es una relación basada en el corazón. Alimentar la pelota significa darle vida; entonces fluye, coopera y está dispuesta. Establecemos con ella una relación de confianza. No estamos ahí para azotarla o castigarla ni para desahogar frustraciones o ventilar ira. Los jugadores que se relacionan con la pelota de esa manera, abusan y provocan que les responda con malos tiros. (Tal vez la idea de amar a la pelota le provoque risa, ¡pero sólo mire cuántas pelotas víctimas de abuso se vengan al final!) Cuando estoy con un instructor trato de seguir las indicaciones al pie de la letra, pero existe una dimensión interior que también participa. Antes de hacer un tiro desde el tee, alimento mi relación con la pelota diciendo: «Eres parte de mí. En este momento estoy quieto y tú también lo estás. Cuando yo me mueva, tú te moverás. Cuando remontes el vuelo, yo volaré contigo».

En muchas tradiciones, esta alimentación forma parte de lo que se conoce como conciencia profunda. La atención está en un estado de conciencia profunda cuando permanece quieta, calmada y concentrada; cuando se mantiene inquieta, errante y dispersa, está en un estado de desconcentración. Siempre está presente alguno de los dos. (Si quiere hacerse una idea de lo que es el estado de conciencia profunda, observe a Tiger Woods cuando está jugando al límite de su capacidad. Su mirada es suave, pero su atención es como un rayo láser, exclusiva pero profundamente tranquila. Otros grandes profesionales muestran el mismo aspecto. En el mundo del deporte no hay mirada más hermosa que ésta.)

En el golf se le llama «punto dulce» a la pequeña área del palo que hace un contacto perfecto con la pelota. En el momento en que damos en él, sabemos que todos los aspectos técnicos de nuestro swing se conjuntaron impecablemente. Hay un sólido chasquido muy satisfactorio que cualquier jugador experimentado distingue y gracias al cual puede saber que la pelota recibió un hermoso golpe, incluso antes de que ésta se eleve por los aires.

En cualquier momento podemos encontrar el punto dulce propio.

El punto dulce es un lugar que sabe lo que hay que hacer; es tranquilo, independiente, pacífico. De él fluye cualquier acción que deseemos, cualquier propósito que queramos cumplir. La conciencia profunda lleva al jugador a su punto dulce, antes de considerar el del exterior. Los fabricantes de equipo deportivo atrajeron a nuevos jugadores al extender el punto dulce de la cabeza del palo y muchos depositan su confianza en él. Sin embargo, golpear la pelota sistemáticamente con el punto dulce es poco menos que imposible para los aficionados; incluso los profesionales de primera línea tienen sus lapsus.

El secreto reside en convertirlo en una tarea mental. Hay que ver el punto dulce como un objetivo que siempre alcanzaremos porque estamos conectados con él. Yo suelo imaginar una cuerda invisible que conecta mi corazón con la pelota. Cuando lo hago, dejo de ser una persona que balancea un largo palo que puede desviarse en cualquier momento. El punto dulce y la pelota están destinados a encontrarse; son el uno para el otro.

Esta técnica funciona gracias al punto dulce interior, una zona libre y abierta que sabe con certeza que todo irá bien. Hay que acudir a ella para coordinar la mente, el cuerpo y el espíritu. ¿Pero cómo encontrar este camino siempre que lo necesitemos?

Yo uso recuerdos, pero no permito que los recuerdos me usen a mí.

Mi cuerpo es sólo el lugar al que, por ahora, mis recuerdos llaman hogar.

La clave está en detener, calmar, descansar y jugar.

El monje vietnamita Thich Nhat Hanh ha definido cuatro aspectos comunes a la meditación budista: detener, calmar, descansar y curar. Cuando estos cuatro elementos se unen, se produce la atención exclusiva, incluso en medio del caos. En el golf, donde se requiere concentración permanente, los cuatro pasos son:

Detener la actividad aleatoria de la mente que se manifiesta en un diálogo constante con nosotros.

Calmar nuestras emociones que exacerban el diálogo interno con temores, dudas y sentimientos del pasado.

Descansar nuestra atención de modo que pueda residir en un sólo punto claro.

Jugar el tiro a partir de la quietud.

Una mente que ha encontrado su capacidad natural para detenerse, calmarse y descansar es una mente lista para la acción. Repita estos pasos siempre que se dirija a la pelota hasta que se hagan automáticos. Si nota que ha saltado un paso, regrese a él.

Aprender a detener, calmar, descansar y jugar es algo que rebasa los límites del golf. El juego de la vida requiere una conciencia profunda, a partir de ella tomamos decisiones confiables. Si tenemos un problema, la conciencia profunda no siempre vendrá a ayudar, no de manera inmediata. Sin embargo, no hay nada que funcione mejor y el tiempo que invirtamos en descubrir nuestro punto dulce será recompensado ampliamente.

Detenga la lucha, calme las emociones, descanse en sí mismo, disfrute el juego. Éste es el objetivo y, al mismo tiempo, el camino para alcanzarlo.

Entre el silencio y la actividad siempre hay conflicto. El silencio pertenece a nuestro ser más profundo; la actividad, al mundo exterior. Son totalmente opuestos; aunque el espíritu nunca entabla una guerra, la resolución del conflicto requiere de la energía y la atención de un guerrero. La batalla es contra las tendencias que nos apartan constantemente de nuestra fuente. El fin de la guerra llega cuando encontramos la paz en la atención exclusiva.

En el momento que tenemos una mente integrada, podemos ser uno con cualquier cosa. El secreto es reducir el ámbito de la percepción. Propóngase ver algo conocido con ojos nuevos. El resultado puede ser sorprendente, aunque el método para lograr este cambio es sencillo.

Elija un objeto que ame, pero que no haya viso últimamente: un cuadro, una de sus playeras favoritas, algún adorno del escritorio. Ahora, en vez de mirarlo, dele vida. Póngale un nombre y deje que este objeto le cuente su vida. Usted puede decir: «Recuerdo cuando nos conocimos. Fue antes de Navidad. Había perdido las esperanzas de encontrar algo bonito para regalarle a x, y fue entonces cuando te vi. Me gustaste tanto que finalmente no te regalé. Tenía que conservarte». Después, imagine la respuesta del objeto: «Sabía que te había gustado. Era obvio».

Esto no es un juego. Cuanto más imaginativo y vívido sea su diálogo, logrará poner más atención en el objeto y reducirá el ámbito de su percepción. Lo mismo ocurre con los desconocidos. Desde lejos, pueden resultarnos indiferentes o molestos; sin embargo, cuando renunciamos a esta actitud distante y empezamos a hablar, ese cuerpo tibio que está cerca de nosotros en el asiento de un avión, se convierte en un ser humano y la atención que intercambiamos con cada palabra provoca un cambio en la manera de percibirnos.

Si estamos atentos, nos daremos cuenta de que no hay nada más. Cuando nos arriesgamos a una intimidad total nos relacionamos con el mundo; lo que significa que existe un libre flujo de atención sin límites, creencias, suposiciones, prejuicios o expectativas. El tránsito de la separación a la unidad —un estado de fusión a la vez delicado e increíblemente poderoso— no ocurre de un momento a otro. No obstante, no hay secretos para alcanzar este estado de comunión. Todo lo que se necesita es estar dispuesto a permitir el flujo de atención. Si empezamos a ver todas las cosas como si estuvieran vivas, se acercarán y querrán darse a conocer. En el simple acto de vernos en el otro se hace posible la iluminación.

Lección dos

Respete la naturaleza del swing

Adam se sintió extraño en los días siguientes. Wendy no le pidió que no jugara, pero no quiso hacerlo. Pensaba que sus experiencias en la cabaña no se repetirían en un campo de verdad. O tal vez sí; tal vez Wendy podía hacer eso también. Adam no podía imaginar el límite de sus habilidades. Era la joven mágica con la máquina mágica; además de estos dos hechos, no comprendía nada. Quizá Wendy era una proyección más que acompañaba las imágenes de la pared o tal vez era un ángel.

Los sueños y las especulaciones ocuparon su cabeza hasta que una tarde, mientras se dirigía a casa, Adam empezó a rebasar a un camión. En ese momento escuchó un bocinazo estridente al tiempo que un carro deportivo apareció en su campo visual desde el punto ciego. El conductor, quien había acelerado justo antes de que Adam quisiera cambiar de carril, se veía tan asustado como él: tenía las pupilas dilatadas y el rostro pálido y sudoroso. Dos segundos después, todo había terminado. Adam dio un rápido volantazo y el otro coche salió disparado rebasándolo a él y al camión.

Cuando pasó el efecto de la adrenalina, Adam reparó en algo: Es imposible ver por el espejo lateral de un coche si un conductor tiene las pupilas dilatadas o no. Pero él lo había visto. Por un breve instante, la cara del otro conductor había estado justo frente a él. Turbado, Adam salió del camino en la siguiente estación de servicio. Cuando bajaba del coche escuchó un fuerte rugido parecido al de una cascada de agua que baja por un desagüe. Cuando se giró, vio que era el chorro de gasolina que un conductor le ponía a su coche al otro lado de la estación. Cuando el mismo hombre sacó cambio de su bolsillo para comprar un refresco, Adam estaba seguro de haber visto la fecha de la moneda: 1987.

—Señor —dijo.

—¿Qué? —le respondió.

Adam no se atrevió a pedirle que le dejara ver la moneda.

—Eh, nada.

El hombre se despidió cortésmente con un movimiento de cabeza y se fue. Adam volvió al coche y arrancó mientras lo inundaba un súbito sobrecogimiento. ¿Qué había hecho Wendy?

El domingo, Adam despertó y supo que era momento de regresar. Cualquiera que haya sido el impulso que lo hizo echar sus palos al coche y conducir a toda velocidad hacia la carretera vieja, era un instinto en el que tenía que confiar. El viento levantó un remolino de tierra detrás de su coche y parecía hacerse más fuerte conforme se acercaba a la cabaña. Cuando bajó del coche, quedó atrapado en una densa nube de polvo que le impedía ver.

«Ya no va a estar en pie», temió. Entonces escuchó que el viento azotaba la puerta y caminó en cuclillas para llegar a la cabaña. Entró a tropezones y agarró la puerta para cerrarla.

—No cierres —dijo una voz. El interior estaba oscuro por el polvo, y aunque Adam no alcanzaba a ver, sabía que se trataba de Wendy.

—¿Por qué no? —preguntó al tiempo que empezaba a toser por la sofocante nube de polvo.

—La necesitamos. Espera.

Adam apenas podía verla. Wendy abría enérgicamente todas las ventanas de la cabaña. Después de unos momentos, el lugar se despejó, pero el viento soplaba más fuerte. Parecía que no existían las paredes. Wendy oprimió el interruptor. Adam vio ante él un largo fairway distinto al del primer día. Parecía un campo de Inglaterra o Escocia. El césped era dispar y amarillento. El terreno parecía un pastizal, pero ninguno tenía tantos baches y búnkeres por todos lados.

—Las vacas podrían romperse las patas —murmuró Adam.

—Es cierto —concedió Wendy.

Ella parecía haber disfrutado la broma.

—Hay bastantes problemas con el clima —agregó.

Al mirar con atención, Adam notó que el fairway terminaba en un grupo de árboles viejos y escuálidos cuyas hojas se movían a causa del viento que se sentía en la cabaña.

—Acércalos más si quieres —dijo Wendy—. Capta todo lo que puedas. Reúne la mayor cantidad de información.

Antes de que ella terminara de hablar, la vista de Adam ya estaba recorriendo el campo. Al igual que el día

que voló junto con la pelota de Wendy hasta el banderín, Adam pudo pasar por encima de los búnkeres siguiendo la línea ondulada de los espesos tojos a la izquierda y
el camino de álamos que bordeaba unas vías férreas a la
derecha. Era una sensación maravillosa, pero no daba
la impresión de vuelo, pues Adam no había dejado el sitio
donde estaba parado; sus ojos simplemente reunían lo
que él quería ver: los detalles salían o entraban a primer
plano creciendo o achicándose a su voluntad.

—¿En verdad estoy haciendo esto? —preguntó
Adam. Esta vez tuvo el suficiente aplomo para no quedarse sin habla.

—Dímelo tú —contestó Wendy—. ¿Has estado
practicando? Me refiero a lo de mirar la pelota.

Adam se sintió cohibido.

—No; pensé que no podría hacerlo sin ti, sin estar
aquí. Sin embargo, el otro día…

—Bien. Qué bueno que recuerdas tu práctica —interrumpió Wendy dándole una madera número tres—.
Vamos a jugar este hoyo. Tú tienes el honor.

Adam pensó que estaba bromeando, pues el honor
lo tiene el jugador con la mejor puntuación en el último
hoyo. No obstante, obedeció y acomodó la pelota en el
césped artificial. Wendy había bajado la red y tenía una
perspectiva clara del fairway.

—Tiendo a pegarle oblicuamente —masculló mientras veía los densos y espinosos matorrales de tojo a su
izquierda. En ese momento, el viento rugió tan fuerte
que ahogó sus palabras. La pelota cayó del tee y Adam se
puso de cuclillas abrazando el palo para evitar que el
viento se lo arrancara de las manos.

—¿Qué estamos haciendo aquí? —gritó.

—Disfrutar del juego —contestó Wendy gritando también.

Ella acomodó otra pelota en el tee, pero salió volando al instante.

—Se va a seguir cayendo —señaló Adam.

—Entonces será mejor que le pegues rápido —respondió Wendy.

Aparentemente estaba hablando en serio. Adam se puso en posición —si es que a ese torcido tambaleo podía llamársele posición— y cuando Wendy colocó la pelota de nuevo, él soltó un golpe al azar mientras el viento le daba de lleno en la cara. Sorprendentemente, hizo contacto. Aunque le dio a la pelota en la mitad superior, logró desplazarla unos quince metros hacia adelante, cerca de la mitad del fairway.

—¡Vamos! —gritó Wendy acercando su cara a centímetros de la oreja de Adam. Él no podía creer lo que le estaba pidiendo, pero cuando se dio cuenta, Wendy ya se había echado la bolsa al hombro y caminaba hacia la proyección.

«Esto sí va a estar bien», pensó Adam, decidido a no parpadear para no perderse el momento exacto en que Wendy se fundiría con la imagen o chocaría contra la pared. Pero seguramente parpadeó, pues en un instante, ambos se encontraban en el campo de golf, doblados a causa del viento. Adam pudo ver que éste soplaba desde el picado mar gris que estaba justo detrás de ellos. Estaba eufórico. Alcanzó a Wendy cuando se acercaba a la pelota y le gritó:

—¿Cómo se llama esta cosa, la máquina?

Mientras preguntaba movía los brazos en todas direcciones para señalar la vasta extensión de cielo, mar y césped. Cada nervio de su cuerpo cosquilleaba y se estremecía.

—Simulador visual —respondió Wendy—. Allá va la pelota. No se te vaya a ir.

La pelota, que había caído en una zona inclinada del terreno, los había esperado, pero ahora bajaba por la pendiente.

—No esperas que corra tras ella, ¿verdad? —preguntó Adam con la voz ronca de tanto gritar.

—A menos que quieras que ella venga hacia ti —respondió Wendy.

Totalmente imbuido en la situación, Adam agarró un hierro cinco y corrió tras la pelota que caía cada vez con mayor velocidad.

—¿Espero a que se detenga? —gritó por encima del hombro.

—¡Sólo dale! —contestó ella haciendo bocina con las manos.

En ese momento la pelota se detuvo. Adam se dirigió hacia ella y alzó la vista. Era imposible ver el green por la curva que había a la izquierda. Un profesional hubiera intentado un tiro que pasara por encima de los tojos para eludir la curva, pero Adam sabía que él no podría lograrlo. Entonces decidió reservarse y apuntó justo a la mitad del fairway. Para no golpear otra vez la parte superior de la pelota, Adam tiró un golpe profundo. Un gran pedazo de tierra salió volando como un pájaro asustado y la pelota avanzó entre el viento cuarenta yardas.

Adam observó el hueco que había hecho con el palo.

—Ve tras ella —dijo Wendy—. Yo lo cubro, salvo que quieras seguir excavando para buscar un tesoro.

Adam le lanzó una sonrisa y corrió tras la pelota. Hicieron falta otros dos toscos tiros para llegar al área de putting que tenía una pendiente muy pronunciada y algunas prominencias que asemejaban una sábana arrugada. No obstante, después de dos putts, Adam metió la pelota al hoyo. Fue un triple, si es que alguien estaba contando. Adam no, por supuesto. Entonces sacó la pelota del hoyo y preguntó:

—¿Dónde está el siguiente?

—Aquí —contestó Wendy.

Adam miró a su alrededor. Estaban en el tee donde habían comenzado.

—¿Otra vez? —preguntó—. ¿Por qué? El viento está cada vez peor y no estoy aprendiendo nada.

—Porque todavía no te he enseñado nada. Dale por favor —dijo Wendy.

Empezaron otra vez. Adam comenzó a perder su buen humor. No recordaba cuándo empezaron a caer los helados dardos de lluvia, aunque *caer* no es la palabra más apropiada, pues el vendaval los lanzaba horizontalmente hacia su cara y su delgada camisa. En esta ocasión, Adam se mantuvo silencioso, jugó mejor y logró llegar al green en tres y dos putting.

—Bogey —dijo con un ligero tono de victoria, aunque no le gustaba lo que venía a continuación.

—Tienes el honor —dijo Wendy alegremente.

Como ya se lo esperaba, Adam se encontró de nuevo en el tee original. El mar rugía detrás de ellos y eso era lo más que podía decir, pues era imposible verlo a través de la espesa cortina de lluvia. Tiró con actitud seria, casi sin molestarse en ver la pelota. Ésta voló hacia las vías del ferrocarril describiendo un arco tambaleante. Se tardaron cinco minutos en encontrarla bajo los empapados álamos y, a partir de entonces, Adam apenas hizo un tiro que no acercara la pelota hacia el fairway. Llegó al green en seis —pasando por un espantoso bache— y dos putts. Bogey cuádruple. Adam no sacó la pelota del hoyo.

—¿Cuándo vas a enseñarme algo? —se quejó. Su cuerpo estaba helado y exhausto; apenas podía ver o pensar. Estaba tan mojado que no se tomó la molestia siquiera de exprimir los inundados dobladillos de sus pantalones.

—Pronto —prometió Wendy.

Pronto significó otro par de vueltas. A punto de gritar, Adam se negó a abrir los ojos cuando habían regresado otra vez al maldito tee. Sus manos colgaban como pesos muertos al extremo de ligas estiradas al máximo de su capacidad; sus pies eran un par de terrones sin sensibilidad alguna.

—Ahora —dijo Wendy. Adam abrió los ojos y vio el temido fairway, sólo que el viento se había calmado por completo y el sol había salido y calentaba todo. Adam pospuso su decisión de tirarse en el suelo y morir.

—¿Ahora la lección? —preguntó esperanzado.

Wendy asintió y acomodó una pelota nueva en el tee.

Él suspiró y se acercó a la pelota; sus manos estaban débiles y los antebrazos le temblaban por la fatiga.

—Échale ganas —lo animó Wendy.

Pero era imposible. Lo que Adam hizo, apenas podría ser considerado un swing. Levantó el palo lo más atrás que pudo y lo dejó caer como una roca; el peso del palo lo hizo bajar más rápido que cualquier fuerza que él pudiera imprimir. Con la mirada aturdida, Adam vio cómo se elevaba la pelota. Se elevaba y se elevaba; cruzó limpiamente por encima de los baches y aterrizó justo en el centro del fairway, donde estaba la curva. Adam se quedó en blanco.

—Bueno —dijo Wendy—. Vamos a buscarte ropa seca.

Adam se giró para mirarla perplejo.

—¿Cómo hice eso?

—No lo hiciste. Lo *permitiste* —respondió Wendy, mientras daba media vuelta y se alejaba del tee.

—¿Ésa es la lección? —preguntó él—. ¿Tengo que agotarme antes del primer hoyo? Tal vez podría darle mejor a la pelota, pero mis piernas no estarían en condiciones de ir tras ella.

—No; hacer que te agotaras fue como hacer callar a la multitud antes del tiro. Tu mente estaba hablando todo el tiempo; estabas cediendo a la frustración; tu ego quería aporrear la pelota, básicamente para impresionarme, y tus nervios dudaban de que pudieras atinarle siquiera. La multitud realmente estuvo desatada este día; se interpuso todo el tiempo.

Adam tuvo que admitir que era una buena descripción de su manera de jugar.

—¿Qué hay del viento? Yo no hice ese obstáculo.

—¿Ah, no? —preguntó Wendy. Sus ojos lo miraron fijamente.

—¿Me estás diciendo que la única forma de hacer un buen tiro es quitar todo del camino?

—Así es.

—Entonces enséñame a hacerlo. Quiero decir, sin el agotamiento.

—Bueno. ¿Cuándo?

—Ahora, ahora mismo —insistió Adam, quien a pesar de todo sintió un súbito aumento de fuerza y confianza.

Wendy sonrió.

—Bueno —contestó ella—. Cuando regreses.

—Pero la próxima semana no es ahora —se quejó Adam alicaído.

—Lo será cuando lleguemos a ella. ¿Vienes conmigo?

Adam pensó que era mejor hacer lo que ella decía; Wendy era la única que podía meterlos al simulador visual y la única que podía sacarlos.

En el golf

La segunda lección es sobre cómo quitarnos de en medio. El golf es un juego interno que tiene obstáculos. Los que saben esto tienen un dicho: El golf se reduce a lo que el ego quiere que hagamos, a lo que la mente dice que hagamos y a lo que los nervios nos permiten hacer.

Imagine que su pelota ha caído en un búnker mientras las de los demás están en el green. Los otros esperan pacientemente y lo miran bajar y ponerse en posición.

Su ego le dice: «Voy a lanzar esta pelota justo al hoyo. Ya verán».

Su mente le dice: «Haz esto correctamente. Ponte en posición, agarra bien el palo, dirígete hacia la parte inferior de la pelota, pero no demasiado. Eso dijo ese jugador profesional, ¿no?».

Sus nervios le dicen: «Puedo quedar en ridículo. ¿Y si no logro sacarla del búnker? Todos están mirando. Sólo hazlo ¡Pero ya!».

Cuando finalmente hace su swing, la pelota sale volando sin rumbo fijo siguiendo las confusas señales que envió su cuerpo. Para quitarse de en medio se debe dominar el no hacer. Este término, que comparten todas las antiguas tradiciones de sabiduría orientales, no significa permanecer pasivo. El no hacer sucede al depositar la confianza en una inteligencia más elevada que la propia mente individual, en una voluntad mayor a la individual y en un poder superior al individual.

El secreto del no hacer reside en su capacidad de superar al hacer. Esto sucede en el campo de golf cuando alguien juega maravillosamente con un mínimo de instrucción. Los jugadores, con frecuencia recuerdan que tiraban mejores putts a los doce años que de adultos. La duda no había producido su efecto corrosivo en la confianza del jugador, o para decirlo en pocas palabras, en aquel entonces era más fácil quitarse de en medio. (El día que escribí esta última oración vi en una revista un artículo sobre un niño de catorce años que había tirado 14 bajo par, un golpe por debajo del récord del campo. Unas semanas después, un niño de tres años logró un hoyo en uno en un campo de par 3 en las afueras de Chicago y, con un tiro de cuarenta y cinco yardas, rompió el récord de hoyo impuesto por otro niño de cinco años.)

No hacer es recuperar la inocencia.

Si pudiéramos describir el jardín del Edén con una palabra, ésta sería *inocencia*. El hombre no tenía que trabajar duro; no hacían falta la pugna ni el esfuerzo. Cuando luchamos con nuestro swing y nos afanamos en controlar los nervios estamos muy lejos de la inocencia. Los analistas que han examinado y medido el swing de Bobby Jones en viejas filmaciones, han determinado que la velocidad del swing era sólo un tres por ciento más rápida que la gravedad, un hecho sorprendente en un mundo en el que el jugador promedio de golf aporrea la pelota en cada tiro. Esto significa que la caída libre del palo desde su posición más alta lograría el 97 por ciento de lo que logró el mejor jugador. Yo comprobé esto en una demostración de swing con una mano: Un jugador profesional, simplemente sostuvo una madera número uno con la mano derecha, la alzó hacia atrás y la dejó caer sin otro impulso que el de la fuerza de gravedad. Cuando hacía un buen contacto, la pelota recorría sistemáticamente unas doscientas yardas.

Obviamente, un buen jugador infunde refinamiento e inteligencia al swing, y hay ocasiones en que es necesario aplicar más fuerza. En los tiros para distancias largas, la cabeza del palo alcanza una velocidad que supera los ciento setenta y cinco kilómetros por hora; mucho más de lo que la gravedad puede conferirle. Sin embargo, lo importante es que cada uno cuenta con un swing natural. Gracias al no hacer, nos deshacemos de todos los malos hábitos que le hemos adjudicado al sencillo movimiento de un palo de golf que cae hacia el suelo con su propio impulso.

Éstos son algunos ejemplos de no hacer en contraposición a su opuesto, que llamaremos «afán».

El afán violenta el swing. Si la pelota se sale de control, lo que hace falta para que lo recupere es menos fuerza. El no hacer aumenta la fuerza gradualmente y tiene como base un swing impulsado por la gravedad.

El afán requiere una atención constante sobre el cuerpo y pretende corregir los inevitables errores. El no hacer parte del supuesto de que el cuerpo tiene la sabiduría suficiente para actuar correctamente.

El afán inhibe el swing; el no hacer permite que se dé.

Todos hemos sido educados para creer en el valor de la lucha y el esfuerzo; por ello nos resulta difícil aceptar el no hacer. Yo descubrí esto hace poco, durante una vuelta de golf. A pesar de que estaba de buen humor y de que tenía ganas de jugar, jugué pésimamente los primeros cinco hoyos. Por alguna razón, había perdido la habilidad de hacer contacto limpiamente con la pelota: unas veces le pegaba en la mitad superior; otras, la golpeaba demasiado abajo levantando enormes trozos de césped. Había perdido el equilibrio en los tres niveles: el ego, la mente y las emociones. Mi ego luchaba por recuperar el control y estaba decidido a convertir ese mal juego en uno bueno; mi mente se esforzaba por recordar los elementos perdidos de mi otrora soberbio swing; mis emociones se hundían irremediablemente en la duda y la autocrítica. (Irónicamente, había estado dándole a la pelota maravillosamente en el tee de prácticas unos momentos antes. Quizá la causa de mi perdición fue el exceso de confianza.)

Entonces, milagrosamente, cuando llegué al sexto tee, un corto par 3, hice un tiro fantástico que describió un arco perfecto hacia el green y aterrizó a unos sesenta centímetros del hoyo. Mientras sentía que mi confianza volvía, mi compañero de juego hizo un sencillo, pero agudo comentario:

—Veo que juegas mejor cuando estás cansado.

Tenía razón. Al igual que Adam, había tomado el camino difícil hacia el no hacer: había luchado con todas mis fuerzas hasta que se agotaron. En ese momento, cuando la lucha había llegado a su fin, la sabiduría del cuerpo se expresó y el swing simplemente se dio.

El no hacer también se presenta con naturalidad cuando mantenemos nuestro centro. El esfuerzo se dirige hacia afuera —como ocurrió cuando luchaba por recuperar mi swing—, pero en realidad la lucha siempre es interna: recurrimos a la fuerza cuando hemos perdido nuestro centro. Cuando digo *centro* me refiero al punto dulce que cada uno posee. Para encontrar el centro, es necesario que sepa que:

tiene un centro;
pertenece a ése lugar;
el camino hacia el centro no requiere esfuerzo.

Esto se debe a que el no hacer es una manera de recordarle quién es en realidad. Usted no es la lucha y nunca lo ha sido. Usted es el que sabe. En el Bhagavad Gita, el antiguo texto védico, Krishna habla del «habitante interior» que observa constantemente, que forma parte de todo y, sin embargo, nada lo toca. Gracias al habitante interior, la salvación en el campo de golf es posible. Él o ella es el aspecto más humano que tenemos, fuente de todo amor, verdad y belleza.

Lo mejor es que el habitante interior sabe jugar al golf. Cuando nos quitamos de en medio, nuestro swing natural reaparece. Tal vez no sea tan poderoso como quisiéramos, pero podemos trabajar en ello. Es mucho más fácil incrementar la distancia de un leal tiro de ciento cincuenta yardas, que reducir la de uno traicionero de doscientas setenta y cinco. Reducir la distancia implica encontrar los miles de errores ocultos e intentar corregirlos. Esto es prácticamente imposible, pues normalmente están enterrados en un laberinto de pensamientos, sentimientos y ego. Por esto, los jugadores más fuertes no pueden evitar desviar la pelota cuando quieren reducir distancias. El problema no es el exceso de fuerza, sino la incapacidad de permanecer centrado.

Si quiere sentir su centro sólo recuerde lo que sentía cuando jugaba de niño. El auténtico juego es natural, alegre, vivo: es el no hacer en acción. Los siguientes pasos lo guiarán a él.

Juegue de vez en cuando sin llevar la puntuación.
La montaña rusa emocional del juego nos arranca del centro y el marcador refuerza los cambios de humor. En el nivel del ego ansiamos que nuestros malos tiros sean reemplazados por los mejores. Pero éste no es el camino para dominar el juego. No importa cuántos tiros buenos logremos hacer consecutivamente, nada garantiza que no caeremos en las profundidades con el siguiente tiro desviado o con el siguiente putt de dos pies que

bordea el hoyo sin caer en él. Lo importante es hacer familiar esa parte interior que está más allá de las reacciones, que es tranquila, centrada, sabia, capaz y que siempre tiene el control. El ego nunca nos ha proporcionado estas cualidades, ¿por qué seguir pidiéndoselas? Olvide la puntuación y concéntrese en encontrar su punto dulce.

Olvide adónde se dirige la pelota.
El vuelo de la pelota es resultado de todos los acontecimientos físicos y mentales que lo precedieron. Los tiros buenos y malos tienen antecedentes muy diferentes. En vez de fijarse en el resultado, concéntrese en la causa. ¿Está centrado o no? Un buen tiro está precedido por la conjunción de los ingredientes correctos: un estado de ánimo adecuado, una conciencia precisa del cuerpo, un libre flujo de información hacia los músculos y la ausencia de pensamientos ajenos y distractores. Sólo el habitante sabio puede llevarlo a este estado de armonía en el que nada puede salir mal. Por lo tanto, mientras conoce al habitante sabio, deje de obligar a su mente para que haga lo que no sabe hacer. Sólo prepárese, apunte y deje que la pelota caiga donde quiera. Nada más.

Disfrute su swing.
Esto es muy similar a olvidar adónde va la pelota. Al no llevar la puntuación, eliminamos la competencia y el jucio sobre el propio desempeño del juego. No obstante, los juicios regresan sigilosamente con pensamientos como: «Ese tiro fue espantoso. ¿Qué pasa contigo?» o «Este golpe fue perfecto la semana pasada; ahora mira lo

que hiciste». Cuando estamos centrados no juzgamos. El habitante sabio es un maestro del juego y disfruta cada swing, así que bien podríamos hacer lo mismo. Dele a la pelota como mejor le parezca sin preocuparse por el aspecto técnico del tiro.

No tema perder todo lo que le han enseñado por dedicar unos cuantos hoyos o vueltas a dejarse ir y simplemente disfrutar su swing. Si le han enseñado bien, entonces sabe dos cosas: los aspectos técnicos son sencillos cuando uno deja de esforzarse; los aspectos técnicos quedarán almacenados en la memoria corporal una vez que se hayan practicado el suficiente número de veces.

Lleve su energía hacia adentro y no permita que se desperdicie.

Una vez que se haya librado de las distracciones de la puntuación, del aspecto técnico del swing y del lugar adónde va la pelota, podrá abordar la tarea principal: aprender a usar su energía de una manera diferente. Cuando la energía se dirige hacia afuera, es desorganizada, va y viene, puede disiparse o perderse sin que nos demos cuenta. La energía debe ser fresca, fuerte, coherente y estar dirigida con precisión.

En el golf, el gasto de energía es casi instantáneo: comienza con un propósito del cerebro y termina con la fuerza con que golpeamos la pelota dos segundos después. Desde el comienzo de la ruta, uno decide de dónde sale el tiro. Si el ego dice: «Este tiro va a dejar a todos con la boca abierta», o la mente exclama: «Este tiro demostrará que sé lo que estoy haciendo», o las emociones pronostican: «Con este tiro me voy a sentir bien», entonces el tiro estará perdido antes de que hayamos levantado el palo. Estamos trabajando con un pronóstico: la energía está dirigida hacia un resultado específico y los resultados son ilusiones cuando no han sucedido.

Por eso es tan provechoso encontrar el centro silencioso. El silencio confirma que hemos dirigido la atención al punto más poderoso. Ahí se encontrará con el habitante interior. El primer swing que haga desde su centro iniciará la relación que permitirá que la vida fluya con naturalidad.

En la vida

El siguiente desafío que se le presente, abórdelo con una actitud de no hacer. La técnica no es tan mística como parece.

Primero, prométase que no luchará.
Segundo, haga lo mínimo y luego apártese.
Tercero, permita que las respuestas lleguen desde su centro.

Cuando se aborda un problema difícil sin luchar, se desencadena un proceso complejo. El ego, las emociones y los nervios intentarán anularnos. Todo lo que hacemos, no sólo jugar al golf, depende de lo que el ego quiere que hagamos, de lo que la mente indica que hagamos y de lo que los nervios nos permiten hacer. Estas poderosas energías, fortalecidas por años de dominio, intentarán tomar el control. Pero debemos resistir aunque nos cueste trabajo; debemos tener paciencia. Este paso es fundamental para acceder a una inteligencia más elevada.

El segundo paso puede ayudar. Casi siempre resolvemos un problema pensando en cada una de sus fases. En vez de ello, haga lo mínimo. Retírese y vuelva a considerar el problema; pregúntese si ha logrado un resultado satisfactorio, al igual que un pintor decide si su primera pincelada se adecua a la imagen que tiene en mente. Si no se siente satisfecho, aunque la molestia sea mínima, tómese el día en vez de intentarlo de nuevo. Las soluciones incuban en un nivel profundo; las facultades más hábiles de nuestro ser que poseemos no funcionan a la velocidad que exige la mente. No importa. Todo lo que es profundo se hace realidad. Si su primera medida le satisface, tómese el día de todos modos; es posible que todavía haya una perspectiva nueva esperándolo.

Finalmente, el tercer paso es nuestro auténtico objetivo. Lo que importa no es el éxito externo, sino la capacidad para vivir desde el centro. No hacer no es superior a hacer, salvo en este aspecto: el no hacer nos acostumbra a ver todo desde el verdadero centro. No importa lo mucho que deba reeducarse; este objetivo es lo más valioso que puede tener.

Lección tres

Encuentre el ahora y hallará el tiro

Adam quedó tan maltrecho después de su lección, que se derrumbó en la cama apenas llegó a casa. No recordaba haberse quitado los zapatos de golf. Despertó encima de las sábanas cegado por una luz blanca; debía haber dormido desde la puesta del sol hasta la madrugada. Sentía una gran impaciencia y no podía dejar de pensar en la siguiente lección, en la que Wendy le enseñaría el secreto del swing perfecto.

Durante la semana, Adam se sintió ligero y ágil; como si hubiera bajado de peso; además, sus hombros cayeron unas tres pulgadas en el transcurso de aquella noche. Fue entonces cuando Adam se dio cuenta de su posición encorvada. ¿Contra qué había luchado? No tenía una idea clara, pero aparentemente había desaparecido.

Adam notó otros cambios: dejó de refunfuñar cuando había mucho tráfico, no se distraía en las juntas y los compañeros del trabajo no le parecían tan fastidiosos. Esto no se debía a la impaciencia por su lección; había algo más. De pronto se dio cuenta: no estaba rechazando la realidad. El tráfico podía estar congestionado y las personas aburridas; él simplemente podía dejar que todo ocurriera. Antes, sus hombros tensos oponían resistencia a todo lo que él odiaba y no quería aceptar. La realidad lo apabullaba y sólo podía controlar una parte; el resto amenazaba con ahogarlo o atropellarlo como un tráiler.

Se quedó estático al morder una grasosa hamburguesa cuando se dio cuenta de todo esto súbitamente; después se echó a reír. ¿En qué había estado pensando? Es imposible tratar a la realidad como si fuera un vendedor que está en la puerta y al que le decimos: «Espere un minuto; no voy a dejarlo entrar hasta que me sienta seguro de que no me va a incomodar». Eso era exactamente lo que había estado haciendo.

Me he resistido a que la vida ocurra.

En ese momento, le pareció ridículo que él o cualquier persona pensara que es posible mantener la vida a raya e inmediatamente sintió que algo se abría dentro de su pecho. Con una repentina sensación de alivio, supo que acababa de darse permiso para dejar de resistir. La grasosa hamburguesa le supo a ambrosía. Adam todavía se sintió eufórico el jueves y el viernes y cuando subió a su coche el sábado por la mañana, el trayecto a la cabaña no duró ni un suspiro. Adam entró de un salto y vio que Wendy lo estaba esperando con una bolsa de palos de golf extendidos sobre el suelo.

—¿Qué haces? —le dijo con la esperanza de que le preguntara por qué estaba de tan buen humor.

—Estoy escogiendo los palos que vas a necesitar hoy —contestó ella sin percatarse ni alzar la vista—. Putter, hierro cinco, hierro siete, hierro nueve, madera uno.

Entonces Wendy guardó esos palos en la bolsa y dejó los demás a un lado.

—Traje mis propios palos —dijo Adam señalando la bolsa que llevaba al hombro.

—Puedes dejarlos aquí.

—Pero necesito más de cinco palos. ¿Qué me dices del palo para arena? —replicó Adam tratando de no perder su optimismo.

—Hoy no habrá arena.

Adam sintió que la frustración empezaba a invadirlo.

—Aquí traigo mis dos putters favoritos y un par de palos número uno con distintos mangos de grafito —dijo.

—Lee Treviño ganó el campeonato de la PGA de 1974 con un putter que encontró en el desván —contestó Wendy resueltamente, mientras le daba la bolsa a Adam y oprimía el interruptor. La pared del simulador visual se iluminó y mostró un paisaje con el que Adam había soñado e hizo que se estremeciera: ¡Pebble Beach!

—¿Jugaremos ahí? —preguntó.

—Vamos a establecer el récord del campo —dijo Wendy tranquilamente—. Hoy tiene que ser un gran día.

Otra vez emocionado, Adam estaba listo para entrar en el legendario campo. Sin embargo, antes de que pudiera dar un paso, Wendy lo tomó del codo.

—Esto va a pasar muy rápido —le dijo—. Primero te daré la lección para que no se nos olvide a ninguno de los dos.

«Apuesto que a ti nunca se te olvida nada», pensó Adam.

—No hay nada más importante que el ahora —dijo Wendy haciendo énfasis en la última palabra—. Encuentra el ahora y encontrarás el tiro.

—No comprendo. Siempre es ahora —señaló Adam.

—¿Eso crees? Muchas veces es pronto, y cuando no es pronto, es tarde. Si esperas bastante podría ser nunca.

—De acuerdo —dijo Adam medio en broma, pues no se daba cuenta de que este consejo le iba a dar el prometido swing perfecto—. Lo tomaré en cuenta. Pero sí vamos a jugar en Pebble Beach, ¿verdad?

Como respuesta, Wendy le ayudó a poner en posición sus hombros y caderas sobre el primer tee. Adam miró hacia el largo fairway que doblaba hacia la derecha con peligrosos búnkeres y árboles capaces de atrapar a cualquiera que intentara lanzar una bomba desde el tee. Pero no importaba. Él nunca tiraba bombas. Nunca.

—Estoy listo —murmuró sin atreverse a mirar hacia el club de tribuna por temor a ver espectadores.

—Bueno, pero necesitarás esto —le dijo Wendy. En su mano llevaba un pequeño cubo blanco que tenía una cúpula roja en la parte superior. Ella lo colocó a los pies de Adam, a unos centímetros del tee.

—Golpea la pelota cuando se encienda la luz.

—¿Por qué? —preguntó Adam.

—Porque vamos a romper el récord del campo y tú tienes que hacer tu parte.

Wendy señaló al foco rojo, que seguía apagado, y Adam esperó.

—¿Hay alguna señal previa? —preguntó él después de unos segundos en los que no pasó nada.

—Ninguna señal. Sólo golpea la pelota cuando se encienda la luz.

Después de tres segundos la luz se prendió y Adam hizo un swing. No obstante, en vez de sentir el crujido del golpe con la pelota, sólo sintió cómo el palo cortaba el aire.

Adam miró hacia abajo. La pelota había desaparecido.

—Fallaste —dijo Wendy.

—Hice el swing cuando vi la luz. ¿No me dijiste eso?

—Te dije que golpearas la pelota cuando vieras la luz. Es diferente.

—Estás bromeando. ¿Tengo que hacer contacto en el preciso instante en que se encienda la luz sin ninguna señal previa? Es imposible.

—Tienes razón. Es imposible si tratas de anticiparte al ahora, porque el ahora es el ahora.

Adam se sintió increíblemente frustrado.

—Nunca podré hacerlo.

—Ya lo veremos —dijo Wendy saliendo del tee.

Con Adam siguiéndola detrás, Wendy encontró la pelota en medio del fairway, adelante de los búnkeres del lado izquierdo. Estaba en el lugar perfecto para un hierro corto hacia el green. Adam miraba fijamente.

—Siguiente tiro —dijo Wendy alzando en su mano la cajita blanca.

Adam ni siquiera quería intentarlo; sentía que se estaban burlando de él. Sin embargo, la grandiosidad del escenario y la idea de ver más paisajes como ése, hicieron que se dirigiera hacia la pelota. Hizo su swing aparentemente al azar y esta vez la luz roja se encendió una fracción de segundo antes de que hiciera contacto. Sintió que el palo rozaba ligeramente la pelota, la cual voló describiendo un amplio arco, se detuvo un segundo en la cima y descendió hasta el green. Adam no alcanzaba a ver adónde había caído. Tenía la impresión de que cualquiera que hubiera sido su swing, éste no afectaría al tiro.

Cuando caminaron hacia el green, Adam vio que su pelota se encontraba a noventa centímetros del hoyo.

—Genial —dijo entre dientes—. ¿Por qué no simplemente la meto?

—No, dieciocho *eagles* no sirven para romper el récord del campo —contestó Wendy.

A pesar de sentirse contrariado, Adam decidió intentarlo. Esperó con el putt en posición hasta que sintió la necesidad de tirar; cuando lo hizo, el palo dio con la pelota justo en el momento en que se encendió la luz. La pelota rodó en línea recta y cayó en el hoyo. A pesar de él mismo, Adam se sintió feliz.

Al jugar los siguientes hoyos, Adam se acercaba cada vez más al mar. En el camino se enfrentó a barrancos, árboles, enormes búnkeres y ondulados greens. La pelota superó todos los obstáculos y los birdies se acumularon uno tras otro. Seguía intentando encontrar el instante para el contacto perfecto; cuanto más se acercaba, más confiado se sentía; pero no sintió ninguno de los tiros como suyo.

Adam se detuvo con Wendy para ver la bahía desde el elevado sitio donde se encontraba el séptimo tee. Aproximadamente cien yardas hacia abajo del acantilado, Adam alcanzó a ver una pequeña área verde de no más de dieciocho metros de diámetro, con rocas y olas que gemían por tres de sus lados. El paisaje lo mareó.

—Yo no tengo este tiro —dijo.

—Tal vez no lo tengas, pero ahí está —dijo Wendy—. Y si lo encuentras, será tuyo.

La voz de Wendy, lejos de parecer desconcertante, estaba llena de certeza. Adam se dirigió a la pelota y decidió poner en práctica lo aprendido: tener una mente integrada y respetar la naturaleza del swing.

En ese momento la sintió (la pequeña luz roja emitió una señal previa después de todo); una presencia apenas perceptible, una diminuta ola de anticipación que disparó sus músculos. Adam puso en movimiento el palo sin pensar y le dio a la pelota perfectamente. Estaba tan absorto, que no escuchó el golpe del impacto. Todo su ser permaneció con la pelota; se convirtió en un punto de absoluta quietud que se desvaneció en el cielo infinito antes de regresar y permitir que la tierra lo reclamara, no regresó como una piedra que cae al suelo, sino como un niño que vuelve con su madre impulsado por el deseo más jubiloso y absoluto. La intensidad de estos sentimientos lo asaltó de tal manera que Adam no podía respirar ni mantenerse erguido. En vez de caer en el hoyo, la pelota lo bordeó rápidamente y se detuvo a una distancia de sesenta centímetros del lado izquierdo.

—¡Vaya! —murmuró Adam cuando recuperó el aliento—. Con que así se siente un tiro perfecto.

—Así se siente el *ahora* —dijo Wendy—. Pero te hice una pequeña trampa.

—¿Ah sí? ¿Qué?

—Apagué la luz para éste.

Ese tiro en verdad había sido suyo. Adam quedó sin habla, luchando con la expansiva sensación que tenía en el pecho y temeroso de creer lo que había hecho. Wendy se veía tan complacida que Adam creyó por un momento que no podría terminar la vuelta. Ella no acostumbraba a quedarse cuando tenía éxito una de sus lecciones, pero esta vez, quizá por el idílico día y el inolvidable escenario, ella transigió.

En el golf

La tercera lección es sobre el momento presente y puede resumirse en una frase: El ahora no pasa rápido; pasa profundamente. Para encontrar el ahora debemos sumergirnos en él; si sólo pasamos por la superficie, no liberaremos los misteriosos poderes ocultos en cada momento. Una acción que aproveche al máximo el presente, supone tres pasos:

Sumergirse en la profundidad del ser.
Mantenerse quieto ahí.
Hacer lo que se necesite hacer.

Cuando nos sumergimos profundamente disponemos del poder para organizar nuestra acción y realizarla con inteligencia y coordinación máximas; cuando nos mantenemos quietos logramos atención y concentración, y cuando realizamos una acción en esa quietud, la separación entre causa y efecto desaparece y ambos fluyen juntos sin obstáculos.

Los grandes sabios de Oriente dicen que cada uno de estos tres pasos tiene un significado espiritual:

Sumergirse equivale a meditar.

Mantenerse quieto es equivalente a la atención exclusiva.

Hacer lo que se necesite hacer equivale a la acción espontánea correcta.

En el campo de golf notaba que de vez en cuando jugaba más allá de mis capacidades. Así sucedió una vez que estaba atrapado en un búnker en una posición inclinada. Hasta un buen jugador está expuesto al desastre en esa situación. Si se golpea la pelota en la mitad superior —lo cual siempre es un peligro cuando los pies están más elevados— la pelota puede dar contra el borde del búnker y no salir jamás. Si se le pega demasiado abajo para compensar la mala posición, el palo se atasca en la arena.

Sin embargo, de vez en cuando esto no sucedía. Tiraba y la pelota salía de la arena y aterrizaba cerca del punto que había visualizado. ¿Cuál era la diferencia? Me di cuenta de que era yo, de que yo venía de un lugar diferente, de un lugar profundo en el que se conjugaban tres elementos: una inteligencia más elevada que sustituía mis modestas habilidades; yo podía mantenerme en ese lugar sin distracciones y podía dejar que el swing se diera como fuera.

A este proceso se le conoce como Samyama. En el golf, el Samyama ocurre cuando un jugador encuentra el tiro justo. La sincronización, el ritmo, la secuencia y la fuerza se conjugan por arte de magia; el swing se convierte en algo más que la suma de sus partes. Por supuesto, es importante realizar las partes lo mejor posible; la memoria corporal necesita con qué trabajar. Sin embargo, sumergirse en el momento presente y mantenernos quietos mientras dejamos que la acción suceda, es el secreto de la ejecución extraordinaria.

Cuando perdemos el ahora sentimos incomodidad. Aunque técnicamente el desempeño sea correcto, hay algo indefinible que no está bien. Como dicen los profesionales, no podemos encontrar el propio swing. Cuanto más nos apartamos del momento presente, los resultados son peores:

Nuestro cuerpo pierde el equilibrio.

El tiro pierde sincronización.

Perdemos de vista la pelota.

Perdemos la línea del putt.

Nuestro peso deja de desplazarse adecuadamente y con facilidad.

Algunas partes del cuerpo se traban.

Es inútil ensayar y corregir estos síntomas uno por uno, pues están interconectados. Además, la mente es incapaz de ajustarlos de manera simultánea. (Se dice que cuando un jugador está luchando por recordar todos los consejos que le han enseñado sobre el swing perfecto, es imposible que mantenga en la mente más de dos a la vez.)

El secreto para encontrar el tiro es encontrar el ahora.

Samyama funciona porque hay una profunda inteligencia en esa región que llamamos inconsciente. Éste es un nombre engañoso para la parte de nuestro ser que de hecho es más consciente que cualquier otra. La mente lógica produce una secuencia de ideas consecutivas engarzadas como perlas en un collar, pero el inconsciente desempeña literalmente millones de funciones con precisión máxima. Hay mil trillones de células en nuestro cuerpo que operan con perfecto conocimiento de lo que hacen. En el cerebro, una sencilla tarea como alinear un putt de sesenta centímetros, requiere la coordinación instantánea de las neuronas de la corteza visual con los estímulos de las zonas inferiores del cerebro que controlan el equilibrio, la coordinación motriz y el delicado entrelazado de todas estas funciones en un todo.

El todo ya existe en el ahora.

En el golf, pensar demasiado estropea el tiro. Sin embargo, no siempre se entiende que el pensamiento estropea el tiro al bloquear las ilimitadas habilidades del inconsciente. El ego y la mente han sido entrenados durante años para interponerse entre nosotros y el momento presente.

Obsérvese la próxima vez que realice un putt importante. Note cómo su mente trata de evitar desesperadamente el tiro: se concentra en detalles insignificantes como las marcas en el green o los sonidos de aves y ardillas. Puede vagar en la fantasía o preocuparse por lo que su compañero va a decir. Las visiones de fracaso cruzan la imaginación. La humillación anticipada (o para el caso, el triunfo) bloquea lo que está ante nosotros. Si la presión es suficientemente fuerte, podemos ver cosas. Un jugador relata que con frecuencia veía tierra o insectos en la pelota, una señal segura de que sus nervios se habían derrumbado.

Todas estas distracciones son intentos del ego y de la mente por conservar su dominio. No obstante, un putt largo no puede ser controlado. Lo único sensato es recurrir a esas energías que pueden contribuir al tiro, pero la mente consciente se niega a renunciar a su autoridad. Esta obstinación se disfraza de lógica y trata de convencernos de que si logramos recordar suficientes consejos, hablarnos positivamente y deshacernos de todas las distracciones, todo saldrá bien. No será así, porque la lógica está fuera de su profundidad aquí. La sabiduría del cuerpo no es lineal, es holística. Es tan absurdo considerar detenidamente un swing de golf como considerar detenidamente un triple salto mortal desde un trampolín.

Asimiladas las lecciones sobre la mente integrada y dejar que el swing suceda naturalmente, nos acerca al ahora. Pero hay más cosas que aprender, y lo primero es cómo relajarnos. La tensión bloquea la información que fluye desde el inconsciente. La paralización por el miedo es un ejemplo extremo: Hay tanta tensión en el cuerpo que éste es incapaz de recordar los movimientos básicos. El swing de golf, un movimiento mucho más complicado que la mayoría, exige toda la relajación que podamos alcanzar. (No hace falta señalar cuántos jugadores de golf, *amateurs* y profesionales por igual, están inundados por recuerdos de tiros malos, lo que se manifiesta como tensión en el cuerpo y afecta la capacidad de tirar con un ritmo natural. Ver cómo se derrumba el swing de otra persona es casi tan doloroso como la pérdida del propio.)

La relajación es un profundo secreto espiritual. En India se hace un enorme énfasis en encontrar lo que se llama «el aliento sutil» como camino hacia el alma. ¿Cómo se puede lograr? Todos creemos que la respiración es un hecho fisiológico más del cuerpo. Sin embargo, la respiración es como un libro resumido en una frase; el secreto radica en que contiene la esencia de todo lo que nuestras células hacen. Para cada estado de ánimo hay un tipo de respiración; de tal modo que, si queremos encontrar los niveles más profundos de la mente y el cuerpo, la respiración es la guía más confiable, incluso más que el pensamiento, pues éste puede hacernos creer que todo está bien; en cambio, es imposible esconder el miedo y la incomodidad en la respiración.

Además, la respiración también es valiosa porque envía su mensaje en el ahora. Uno puede contener los pensamientos y las emociones durante días, semanas o años enteros antes de enfrentarlos. Pero lo máximo que podemos contener la respiración son unos cuantos segundos. Nuestro swing tampoco puede posponerse por un lapso mayor; es demasiado complejo para calcularlo por adelantado. Sólo en el ahora encontraremos exactamente lo que podemos darle al tiro. De hecho, cuanto más profundo nos sumerjamos y lleguemos más allá de la tensión y la resistencia, nos sentiremos más naturales, más como realmente somos. El caos y la ansiedad son capas superficiales de la realidad. La vida quiere ser ordenada por naturaleza. ¿De qué otra forma el ADN hubiera podido preservar su increíblemente compleja organización durante billones de años y agregar nuevos detalles a lo largo del tiempo sin perder uno solo? Cuando Jesús dijo: «Toca y la puerta se abrirá» estaba señalando lo natural que es entrar en el ahora. Una vez que sepamos que la puerta está abierta, sabremos cómo lograr la maestría. Sumérjase lo más que pueda, manténgase quieto y realice la acción debida. Todo esto ocurre en el ahora y, cuando ocurre perfectamente, el resultado es un milagro.

El tiempo es el don de los momentos sin fin. La eternidad es posible gracias a la vida en el ahora perpetuo.

En la vida

Cualquier cosa que podamos hacer para liberar la energía contraída es de gran valor. Energía contraída es un término que se aplica a la capacidad del cuerpo para aferrarse a viejos pensamientos, sentimientos, reacciones y recuerdos que no han sido resueltos. Éstos nos impiden vivir en el ahora, del mismo modo que las capas de barniz evitan que veamos una vieja pintura como el maestro la concibió.

A diferencia del agua o el carbón, los cuales permanecen pasivos bajo la superficie, la energía contraída nos afecta desde su refugio emocional. Emite señales de peligro que no pueden ser ignoradas. Como la ansiedad es la emoción más común a la que el cuerpo se aferra —por ser la más difícil de enfrentar— profundizaremos en ella. En la vida, al igual que en el golf, el camino directo para encontrar el propio centro es sumergirse en los oscuros escondrijos del miedo.

Siéntese cómodamente. Tome conciencia de su respiración. Cuando sienta que es más pausada, inhale profundamente y sienta cómo el aire baja hasta su estómago. Hágalo gradualmente, aspire hasta que parezca chocar con un obstáculo. Reconocerá inmediatamente el momento, porque sentirá una súbita necesidad de exhalar. Hágalo, pero suelte el aire con un suspiro y sienta el alivio natural que le provoca. No violente el suspiro; déjelo fluir libremente.

En la siguiente inhalación vaya un poco más abajo, hacia la boca del estómago. Cuando sienta resistencia acompañada por la necesidad de exhalar, suelte el aire con otro suspiro. Haga esto sistemáticamente y lleve el aire desde la base del estómago hasta los intestinos, el bajo vientre, el hueso púbico, las piernas y los pies. Tómese todo el tiempo que necesite. Vaya tan profundo como pueda. Si se le acaba el tiempo o siente mucha resistencia, deténgase. No violente la respiración. Incluso una o dos le harán mucho bien para la liberación de la energía contraída. Sienta cómo sus hombros bajan y su cuello se relaja. Observe cómo aparecen puntos de tensión donde nunca antes los había notado. Esto merece una felicitación: Está descubriendo tensiones que quieren ser reconocidas y liberadas.

Cualquier persona puede lograr niveles cada vez más profundos de relajación. Una vez que usted lo haga, desarticulará automáticamente la energía del miedo. Olvide el contenido del miedo —la historia que le cuenta— con sus innumerables imágenes de horribles resultados. Cuando la energía contraída salga con la exhalación, estas imágenes deben seguirla. La ansiedad produce tanta incomodidad que es natural que la mente intente encontrar una manera de vivir con ella y lo hace compactándola y convirtiéndola en energía contraída. (Como dijo Freud en una ocasión, el miedo es como un invitado poco grato que no se va de la casa y, por lo tanto, tenemos que fingir que es agradable.)

Después de la respiración viene la atención. ¿Qué le está diciendo su cuerpo? Cualquier energía que se expresa quiere hacerle saber algo e insistirá hasta que la atienda. La mayoría de las personas odia tanto el sentimiento de ansiedad que lo último que quiere hacer es escucharlo. Es posible superar esta actitud defensiva cuando sabemos que los miedos quieren partir, pero sólo pueden hacerlo una vez que hayan realizado su trabajo exitosamente: informar que una parte de usted se siente herida y débil. Esta herida se originó en el pasado. Donde ha sanado se siente fuerte y confiado; donde no, se siente débil y temeroso.

Las heridas se originan en el pasado, pero se curan en el presente.

En el momento en el que pueda identificar una energía contraída, pida que sea curada. Una manera de hacerlo es con la fuerza más poderosa de la mente: el perdón. A todos nos avergüenza la debilidad; sin embargo, gracias a la comprensión, aceptación y liberación de añejas energías logramos perdonar.

Esta secuencia de respiración es útil cuando estamos nerviosos. La ansiedad contamina el juego de la vida, pero hay innumerables oportunidades para liberar esta energía. Al hacerlo, modificaremos nuestra realidad, no sólo nuestro swing de golf.

Cuanto más profundicemos, mejor será nuestra vida.

Una ley de la espiritualidad dice que el silencio, el orden, la inteligencia y la creatividad provienen de los niveles más profundos del ser. Benefíciese de esta ley, utilizando los pasos que acaba de aprender.

Lección cuatro

Juegue del corazón al hoyo

Adam salió de su última lección con una extraña sensación. Sentía que el tiempo se había desvanecido. El trabajo iba y venía sin presionarlo. Incluso, hizo un viaje fuera de la ciudad para visitar a un cliente y no sintió que esto le tomara tiempo. Estar quieto y moverse dejaron de ser distintos. Esto le recordaba a Adam algo que Wendy había dicho: «El ahora nunca termina porque nunca comenzó».

Un día tuvo un encuentro con Doris, el ogro de la oficina.

—Fechaste mal este informe —gritó al entrar—. ¿No te das cuenta de que eso echa a perder las estadísticas acumulativas?

Su voz rasposa era el resultado de años de cigarrillos y whisky.

—Se supone que eres inteligente —continuó—, pero una persona inteligente conoce la diferencia entre el año natural y el año fiscal, ¿no crees?

Doris estaba parada con las manos apoyadas en la cadera, mirando a Adam con un rostro endurecido por décadas de combate en la oficina. Como siempre, él trató de evitar sus ojos. Todos ansiaban que llegara el día en que se fuera de la compañía junto con su ira y amargura, pero año tras año posponía su retiro.

—La fecha estaba bien cuando el informe salió de aquí —farfulló Adam—. Tal vez la copiaste mal.

Entonces sintió una oleada de cólera desde el otro lado del escritorio.

—Déjame decirte algo, amigo —ladró Doris.

A pesar de él mismo, Adam alzó la vista. Encontró los cachetes de bulldog y los ojos de mirada fría que esperaba, pero esta vez vio a través de ellos a una niña despreocupada, a una adolescente curiosa, a una joven amorosa. Todas seguían ahí, ocultas bajo la máscara que Doris mostraba al mundo. El tiempo las había enterrado.

Con la misma claridad, Adam notó que el tiempo no era su enemigo; los días ya no se le entregaban simplemente para arrancárselos al anochecer. Todas las posibilidades de la vida estaban abiertas, capa sobre capa, en el ahora.

—¿Adam? —dijo Doris.

Probablemente el asombro que mostró había desarticulado la invectiva de Doris. Por alguna razón, la voz de ella se había tranquilizado.

—Tal vez la copié mal. Déjame revisar y te aviso —dijo al tiempo que daba media vuelta y salía casi mansamente.

«¿Qué ha sucedido?», pensó Adam. No había tratado a Doris de manera distinta, pero su respuesta fue milagrosa. Entonces comprendió: él había visto los aspectos de Doris que ocultaba del mundo y de alguna manera ella se había dado cuenta. Para ver a una persona de esa forma, hay que salirse del tiempo y eso era justo lo que él acababa de hacer.

Le sorprendió comprobar que el simple hecho de ver algo era suficiente para cambiar todo. Wendy sabía eso y estaba intentando que Adam se viera a sí mismo de una manera completamente diferente, de que viera la pelota, el tiro y el hoyo de una forma nueva. Podríamos decir que con inocencia. Esto había ocurrido aunque a tropezones y todo lo que Adam quería era encontrar el secreto para permanecer en el ahora. Después de haber vencido las barreras de Doris, ¿por qué no hacer lo mismo con sus propios ogros?

Casualmente, al otro día era su lección. Subió al coche y se dirigió hacia la autopista a toda velocidad. Si no hubiera mirado el espejo lateral, hubiera atropellado a Wendy.

—¿Tú? —dijo incrédulo. Adam estaba seguro de no haber visto a nadie cuando arrancó el coche. Vestida con su típico atuendo de playera blanca y shorts azules, Wendy se acercó a la ventana del copiloto y miró a Adam.

—No te preocupes. Recibirás tu lección —dijo leyendo la mente de Adam—. El motor está en marcha.

Adam metió la velocidad, pero en vez de dirigirse al viejo camino de tierra, Wendy lo condujo hacia el campo público de golf de la localidad. Adam había jugado ahí de niño, aunque cuando pudo se cambió rápidamente al country club.

—Por lo que veo, hoy no habrá simulador visual —dijo con desilusión.

—Nada visual hoy —contestó Wendy sin dar más explicaciones.

Cerca del primer tee, Adam observó un heterogéneo grupo de adolescentes, un foursome de veinteañeros que llevaban cervezas amarradas al carro de golf. A su lado estaba una figura solitaria.

—Él —dijo Wendy señalándolo.

Cuando se acercaron, la persona que estaba aparte, un hombre de cuarenta y tantos años, giró hacia ellos.

—¿Es usted mi caddie? —preguntó.

—Es él —respondió Wendy—, y yo estoy aquí para enseñarle.

—No necesito maestros —replicó el hombre.

—De acuerdo —dijo Wendy.

El hombre rió y se dirigió a Adam.

—¿Sabía que la palabra caddie deriva del francés *cadet*, que significa cadete?

—No, no sabía —dijo Adam.

Wendy asintió y Adam, no muy convencido, cargó la bolsa de palos del hombre. Éste, que dijo llamarse Parker, había estado mirando hacia un punto ligeramente a la izquierda de la cara de Adam mientras le hablaba. Era ciego.

—El viento está bien ahora —dijo Parker—. Estaba arremolinado, pero a esta hora del día tiende a calmarse.

Entonces estiró la mano, buscó a tientas sus palos y sacó el hierro dos con ayuda del tacto.

—Me gusta empezar con este palo. Mis maderas suelen desviar la pelota, y éste me da más confianza en el primer tee.

Adam asintió y luego cayó en cuenta de que Parker no podía verlo.

—Buena idea —dijo.

Wendy acomodó a Parker justo en dirección hacia el objetivo. Parker balanceó la cabeza del palo muy cerca de la pelota sin tocarla hasta que Wendy le dijo: «Ya la tienes». El cuerpo de Parker se relajó. Sostuvo el palo en la posición durante un segundo y luego lo elevó lentamente, haciendo una ligera pausa en el punto más alto. Con un movimiento parejo de la cadera y una rotación suave de los hombros, Parker hizo un buen contacto. La pelota voló en línea recta hacia el centro del fairway.

—No estuvo mal —dijo.

—¿Quiere que le diga donde cayó? —preguntó Adam.

—Sentí que fueron unas ciento cincuenta yardas —afirmó Parker.

—Algo muy cercano. Tal vez ciento ochenta.

—Sí —dijo el ciego—. Lo escuché y lo sentí. A veces creo que incluso se puede oler un buen tiro.

Parker estaba muy contento. Salió del tee dando grandes zancadas sin esperar a que lo guiaran. Adam se echó la bolsa a la espalda y lo siguió, preguntándose qué haría Wendy ahora.

Un ángel va a alegrarte la vida.

Sin embargo, nada mágico sucedió; ya era un milagro que Parker jugara tan bien. Su segundo tiro en el par 4 casi alcanza el green. Parker hizo una mueca.

—Suelo hacerlo mejor, pero como dije, al principio siempre me pongo un poco nervioso.

Adam no pudo evitar pensar que jugar al golf sin ver era absurdo, pues se perdía el placer de contemplar la pelota en vuelo, apreciar el hermoso paisaje o idear la posición en la superficie de putting. No obstante, mientras caminaba por el campo se dio cuenta de que se equivocaba. Parker disfrutaba estando en el campo y expresaba su deleite por el aire puro, el susurro del viento y el resplandor de los árboles que llegaban a él. Tenía una auténtica sensibilidad para apreciar el vuelo de la pelota que empezaba con el chasquido del contacto.

Al parecer, Parker percibió el desconcierto de Adam.

—Piensa cuando tiras un putt —le dijo a éste—. Si mide más de sesenta centímetros, es imposible ver la pelota y el hoyo al mismo tiempo; uno de los dos quedará fuera de tu campo visual. Muchos jugadores fallan putts cortos porque sus ojos van de la pelota al hoyo una y otra vez. Un buen putt sólo tiene que estar bien a lo largo de los primeros quince centímetros. Si tenemos la dirección y la distancia, esos primeros centímetros determinan todo lo que sigue, ¿no es cierto? Nadie puede controlar la pelota una vez que se separa del putter.

Para el frente nueve, Parker había hecho cuarenta y dos tiros. Adam, que frecuentemente había jugado mucho peor, llevó aparte a Wendy.

—Este hombre es sorprendente, ¿no te parece? —le dijo en voz baja.

—Claro que sí. ¿Quieres probar?

Antes de que pudiera responder, Wendy tocó ligeramente su frente con la punta de un dedo y la vista de Adam se nubló totalmente. Aunque confiaba en ella, su corazón casi le saltó del pecho por el miedo.

—Será sólo un momento —le dijo Wendy al oído—. Ya aprendiste a ver la pelota; ahora daremos un paso más. No intentes ver nada; cálmate y escúchame.

Adam no se calmó fácilmente. No tenía idea de dónde estaban; sólo sabía que Parker ya no estaba con ellos. Lejos de preocuparse por esto, escudriñaba en la oscuridad y trataba de imaginar una aterciopelada noche sin estrellas o el interior de una cálida cueva.

—Así está mejor —dijo Wendy—. Toma, estoy poniendo en tus manos un hierro nueve.

La sensación familiar del mango del palo tranquilizó a Adam. Su pulso, que había estado escuchando como un rugido en su oído, finalmente aminoró.

—Estamos a ciento diez yardas del green —le dijo Wendy—. Está justo frente a ti y tiene una ligera elevación. Trata que el tiro pase por arriba de la bandera que está a la mitad.

Adam sintió cómo le acomodaba los hombros y la cadera.

—¿Dónde está la pelota? —preguntó mientras la buscaba con el palo.

—Colocaré la pelota cuando estés listo. El green tiene una pendiente muy pronunciada a la derecha y hay arena a la izquierda, ¿de acuerdo?

—¿Ya vas a colocar la pelota?

—No. Sólo haz el swing. Si lo haces correctamente sabrás adónde va la pelota.

«Golf en el aire», pensó Adam. Hizo un swing con desidia, preguntándose qué esperaba Wendy.

—¿Adónde fue? —preguntó ella.

—A ningún lado, a menos que puedas decírmelo tú.

—El hecho de que yo lo sepa o no, no llevará la pelota al green. Inténtalo otra vez.

Adam se esforzó más esta vez. Visualizó el escenario que Wendy le había descrito: un green ligeramente elevado con una pendiente a la derecha y búnkeres a la izquierda. Entonces elevó el palo para realizar un medio swing y soltó un golpe bajo con la intención de que la pelota hiciera un arco alto y aterrizara suavemente sin rodar mucho.

Wendy permaneció callada. Finalmente dijo:

—No está yendo hacia donde quieres.

—¿En serio? No sé ni qué estoy haciendo y no veo absolutamente nada. ¿Crees que será por eso?

—¿Y tú crees que esto es difícil? Éste es un juego de toque. Al final de la temporada 2000, en Akron, los aplazamientos por lluvia alargaron la vuelta final. En el último hoyo, Tiger Woods tuvo que hacer un tiro al green casi en completa oscuridad. Sólo había linternas y encendedores de butano que prendieron los espectadores. La pelota recorrió más de ciento cincuenta yardas y aterrizó a unos pocos centímetros del hoyo.

—Y tú quieres que yo haga el mismo tiro, sólo que sin linternas.

Adam se sorprendió por su actitud sarcástica. ¿Por qué le estaba resultando tan difícil?

—Sigue intentándolo y no hables hasta que le pegues a la pelota —indicó Wendy con firmeza.

Adam hizo otro swing sin entusiasmo. Después de unos cuantos tiros empezó a sentirse frustrado y esto le provocó ira. Era absurdo enojarse tanto por tratar de pegarle a una pelota invisible, pero seguía pensando que no lo podría hacer. Después de una docena de tiros ya no se sentía enojado; se sentía derrotado y, luego, esa emoción se convirtió en un sentimiento de soledad y abandono. ¿Qué estaba ocurriendo? Podía renunciar a ese ridículo ejercicio, pero pasaba constantemente de un estado de ánimo a otro. Adam se sintió sucesivamente torpe, débil, avergonzado e inepto.

—¿Está sirviendo de algo? Ya estoy harto —dijo.

Wendy no respondió. Él siguió tirando. Transcurrió media hora y Adam estaba enojado otra vez. Entonces se dio cuenta de algo: si continuaba así, los mismos sentimientos iban a regresar una y otra vez, como los caballos de un carrusel. Tendría que experimentar lo mismo de nuevo porque ni siquiera había una pelota. En ese momento se detuvo.

—No le he atinado al hoyo todavía, pero descubrí algo —anunció.

—Ni siquiera has llegado al green —apuntó Wendy.

Adam continuó sin inmutarse.

—Lo que descubrí fue esto: estar ciego puede hacernos ver lo que está pasando en realidad.

Era verdad; los caballos del carrusel siempre habían estado ahí. Adam nunca había jugado sin ellos, pero ahora se daba cuenta por primera vez.

—Muy bien —la voz de Wendy se había suavizado—. Esos sentimientos bloquean tu juego porque distraen tu toque. Sal de tu cabeza; dirígete hacia donde empieza el toque. Juega del corazón al hoyo.

En ese instante, la oscuridad de Adam se convirtió en una noche sin estrellas. Levantó el palo, no para un medio swing apático, sino un swing con convicción. Tal como había dicho Parker, Adam sintió cuándo la pelota se separó de la cabeza del palo. Escuchó el sonido de un contacto sólido y vio la elevada trayectoria de la pelota. Todos sus sentidos se fundieron en uno.

—Cerca —dijo entre dientes. Sabía dónde había caído la pelota, en la falda frontal del green.

Su siguiente tiro recorrió la misma distancia, pero cayó un poco más cerca del hoyo. El tercero pasó por encima de la bandera y luego rodó hacia atrás hasta quedar a treinta centímetros del hoyo.

—¡Vaya! Ése sí es para sentirse orgulloso —dijo Wendy con admiración. Ella estaba ahí justo a su lado.

Esas palabras de aliento eran lo que Adam necesitaba. En el siguiente tiro, no se separó de la pelota ni un instante. Ésta voló con la fidelidad de un buen amigo y entró en el hoyo después de rodar dos pies.

—Ahora quiero darle a una pelota de verdad. Colócala —pidió Adam en voz baja.

—Ya lo hice —dijo Wendy. Entonces volvió a tocarle la frente con el dedo y Adam se sintió deslumbrado por la luz del sol que inundaba sus ojos.

—¿Nada más la última vez? —preguntó—. Escuché un chasquido en cada tiro.

—Nada más la última vez —dijo Wendy—. Las otras fueron imaginarias.

La vista de Adam se aclaró. Se giró para ver el green y era tal como Wendy lo había descrito. El área de putting estaba vacía y lisa.

—Entonces, si hay una pelota allí —dijo Adam—, está en el hoyo.

—Exacto —contestó Wendy—. ¿Quieres ir por ella?

Adam lo pensó un momento.

—No —dijo sonriendo—. Busquemos a Parker y terminemos su vuelta.

En el golf

La cuarta lección es sobre la intuición. La intuición es lo único que nos dice exactamente qué es lo correcto. Aunque la mayoría de las personas considera que la intuición es menos confiable que la lógica y no apela a su poder, el golf es un deporte en el cual la intuición desempeña un papel fundamental: es la clave de ese misterioso factor llamado «toque».

En un putt de tres metros y medio —la distancia que ha determinado el triunfo o el fracaso en muchos torneos—, el jugador que haya perdido su toque errará sistemáticamente por pocos centímetros; mientras que el jugador que tiene el toque meterá la pelota en cada ocasión. La práctica no es lo determinante, pues un jugador profesional que siga la rutina de siempre, puede encontrar su toque una semana y perderlo a la siguiente. ¿De dónde viene el toque?

Los maestros de la espiritualidad no ubican el toque en las manos ni en la cabeza, sino en el cuerpo etéreo, el cual recibe el nombre de *sukshma sharira* en sánscrito. Nuestro cuerpo etéreo es el yo que habita en la zona límite del reino físico; es el que participa en los sueños y las fantasías; su especialidad es la comprensión profunda y su energía, la inspiración. Si yo le pido que cierre los ojos y se visualice caminando por las habitaciones de su casa, es su cuerpo etéreo el que lo hace. Algunas personas tienen una relación muy estrecha con sus cuerpos etéreos y gracias a ello los utilizan con una increíble habilidad.

Un ejemplo son los jugadores de golf ciegos. Ellos pueden desarrollar un swing de gran firmeza porque no los distrae la información visual que hace que un jugador contenga o sobrepase su tiro. Los mejores jugadores ciegos, ayudados por sus caddies, quienes los colocan en posición, tiran noventa como promedio. Cuando a uno de estos caddies se le preguntó si conocía alguna ventaja particular que pudieran tener los jugadores ciegos, contestó que algo que les favorece es no ver los obstáculos del campo. De hecho, si en uno de ellos había agua, él evitaba decirlo para liberarlo de los nervios que suelen sumergir tantas pelotas.

Si podemos alinearnos con nuestros sentidos etéreos, habremos encontrado el secreto del toque.

Los sentidos etéreos están más cercanos a la fuente de la inteligencia. ¿Alguna vez ha estado buscando algo —unas llaves de coche o su billetera— y de repente sabe con toda certeza dónde está? Recuerdo una vez que salía de mi casa en primavera, cuando la nieve comienza a derretirse. Espontáneamente, mi cabeza giró hacia la izquierda y mis ojos cayeron en una mancha de hierba que salía del manto invernal. Entonces vi un objeto pequeñísimo y apenas perceptible que a nadie se le hubiera ocurrido buscar. Lo recogí e inmediatamente reconocí el botón de caparazón de tortuga que se le había caído a mi abrigo favorito. El botón había estado esperando bajo la nieve durante tres meses a que mi cuerpo etéreo lo encontrara.

Una de las mejores maneras de alinearnos con nuestro cuerpo etéreo es la visualización. Muchos profesionales hacen una pausa para ver sus tiros antes de realizarlos; visualizan la trayectoria que quieren que siga la pelota, así como la distancia exacta que recorrerá y rodará cuando aterrice. Muchos juegan la vuelta entera con anticipación. Este tipo de visualización no es sólo imaginación; es una conexión entre nuestros ojos físicos y nuestros ojos etéreos, mucho más agudos.

Los neurólogos han descubierto que en el cerebro, ciertas partes del cuerpo ocupan más espacio que otras; a este espacio se le conoce como representación cortical. Por ejemplo, en nuestra corteza, las manos ocupan un espacio enorme comparado con el de las piernas, los brazos o los pies. Esto no sólo significa que el cuerpo etéreo tiene manos grandes, sino también que posee un toque extremadamente refinado. Imagine que pasa los dedos sobre un pedazo de terciopelo y luego sobre un durazno. La textura del terciopelo y del durazno son similares, pero para nuestras manos son inconfundibles.

Esta fineza influye en el putting. Todos los greens bien cuidados son muy parecidos, pero cada uno tiene su propio grado de firmeza, inclinación, textura y celeridad. Al igual que los rostros, no hay dos greens exactamente iguales. La próxima vez que tenga que hacer un putt, póngase en cuclillas y piense que siente la textura del terreno con la palma de las manos. Ahora, en la misma posición, mueva sus manos etéreas unos centímetros hacia adelante y sienta el césped con ellas.

Después, regrese sus manos etéreas al lugar de sus manos físicas. Luego, proyéctelas otra vez, pero ahora más lejos. Haga esto repetidamente (por supuesto se recomienda un green de prácticas, pues normalmente es imposible tomarse el tiempo necesario para este ejercicio durante una vuelta). Incluso practicar en el césped de su patio puede ayudarlo.

La intención es aprender a confiar en las manos etéreas, en su capacidad de sentir el área de putting del mismo modo que sentimos la textura de un durazno. Después de comenzar con unos centímetros, algunos jugadores finalmente son capaces de sentir toda la extensión del putt. El sentido etéreo del tacto, combinado con una buena lectura visual, aumentará la capacidad para calcular la distancia y la dirección con un movimiento equilibrado.

Hay otro ejercicio más sencillo que requiere menos tiempo: Póngase en posición y practique un swing con su madera uno favorita, tal como lo haría antes de tirar. Sienta un swing cómodo y natural. Evoque la sensación que le provoca la cabeza del palo al golpear de lleno la pelota. Haga esto unas cuantas veces y luego realice el swing sólo con su cuerpo etéreo sin mover el palo.

Aplique en el swing etéreo tanta energía como si el palo efectivamente se moviera. Utilice el tacto y la vista juntos, pero principalmente el tacto. Perciba la sensación del palo en sus manos y levántelo sintiendo su peso durante todo el recorrido. Mantenga la posición al final hasta que pueda sentir el peso de la cabeza del palo. Repita este ejercicio, primero con un swing físico, luego con uno etéreo. Intente hacerlos juntos y posteriormente otra vez separados. Casi todas las personas pueden sentir su swing etéreo desde la primera vez y, conforme adquiera práctica, logrará alinear cada vez mejor su swing etéreo con el real.

Cuando a la vista agregamos la comprensión profunda, la habilidad para jugar se duplica.

El cuerpo etéreo es nuestro segundo cuerpo y opera en la periferia de cada célula y cada fibra. Este segundo cuerpo nunca envejece; todo lo que fuimos de niños está presente en su memoria junto con todo lo que seremos; los deseos de ayer están almacenados ahí junto con el conocimiento de si se cumplieron o no; los deseos que todavía no conocemos pero que el tiempo nos revelará están esperando ahí. Todos podemos navegar en el tiempo con una parte de nosotros que vive justo al borde de lo eterno. Los mejores navegantes son conscientes de esto y lo aprovechan. Cuando las manos etéreas sienten el green y se proyectan unos cuantos centímetros, sus mentes pueden percibir el siguiente paso, la siguiente elección, la siguiente solución. Ellos envían su cuerpo etéreo a explorar el futuro.

En esto, el golf y la vida son iguales. Los ojos etéreos pueden hacer que tiros imposibles se conviertan en realidad sin magia de por medio, sino gracias a esa otra capa de la realidad. Si esto es así, ¿por qué no aceptamos que nuestro cuerpo etéreo nos transporte a nuevas posibilidades que ya percibimos y que sólo tenemos que seguir?

En la vida

Las personas desconfían de la intuición sin darse cuenta de que por lo menos en alguna época de su vida, ésta fue su guía principal. Así ocurre cuando nos enamoramos. ¿Cómo sabemos que alguien es «la persona adecuada»? ¿Qué explica esas sensaciones que parecen completamente nuevas y que surgen atropelladamente de una región invisible? Todo esto se debe a la acción del cuerpo etéreo. Éste, como su nombre sugiere, es fácilmente arrollado por el cuerpo ordinario; el apremio del ego intimida los sentidos etéreos hasta la sumisión. No obstante, el amor desbarata esta dinámica: Como deseamos estar lo más cerca posible de la persona que amamos, olvidamos el ego durante un corto y maravilloso tiempo. Después retoma el control y el cuerpo etéreo vuelve a refugiarse.

Para poder recibir esas experiencias que se filtran por el tamiz de la eternidad —el amor, el éxtasis, la inspiración, la profetización, la clarividencia— el cuerpo etéreo debe estar libre. Éstas son algunas formas de fortalecerlo:

Confíe en lo que siente más que en lo que piensa.

Descarte los sentimientos intensos y avasalladores como ira, resentimiento, codicia, odio, envidia, celos y egoísmo. Éstos nunca provienen del cuerpo etéreo; más bien lo ocultan.

Permita que día a día su intuición extienda su campo de acción. Deje que sus corazonadas lo guíen; confíe en el instinto; anule el miedo y la aprehensión con la confianza.

No confíe ciegamente. Comprométase con el mejor resultado que pueda ver y desear verdaderamente. Lo que muchas personas llaman en términos generales «seguir los sueños» es el acto de confiar en la percepción etérea y en la dirección que ésta indica.

Finalmente, aprenda a reconocer la ausencia de ego. Este estado es natural, sereno y abierto, pero al mismo tiempo despierto y atento. Aunque cuando estamos enamorados, es imposible describir ese sentimiento, una vez que lo experimentamos sus características se vuelven inconfundibles. A diferencia del enamoramiento, la liberación del ego puede lograrse varias veces al día. Cada vez que se encuentre en un lugar despejado, reconózcalo y dígase a sí mismo que así es como desea vivir.

Lección cinco

El triunfo es pasión más distanciamiento

Al día siguiente, Adam notó que percibía la realidad de manera diferente. Una extraña sensación le indicaba que había algo más de lo que podía ver, pero no podía definirlo. De pronto se giraba esperando ver a alguien y no había nadie; a veces sentía en la nuca un cosquilleo parecido al revoloteo de un mosquito, pero cuando intentaba golpearlo era sólo aire.

Cuando más se asustó fue una noche cuando, ya en la cama dispuesto a dormir, se giró hacia la ventana que estaba en el extremo del cuarto y vio que las cortinas de gasa se agitaron con una brisa apenas perceptible. Adam se enderezó de un salto. Esa ventana siempre estaba cerrada.

—¿Quién está ahí? —preguntó, todavía adormilado, en una reacción automática, mientras su cerebro se ponía en orden. Cuando Adam terminó de espabilarse no vio a nadie. Sin embargo, ahora no tenía la menor duda: alguien estaba interesado en él.

Dos días después, mientras estaba sin hacer nada, Adam sintió que el aire lo envolvía de la misma manera que el mar se arremolina alrededor de un barco. En el aire había también una agradable corriente de energía. Adam pensó: «No sólo quiere verme, quiere tocarme».

Si Adam hubiera sido otra persona, alguien que no conociera a Wendy, se le hubieran puesto los pelos de punta, pero la sensación era tan agradable que tuvo un sentimiento de pérdida cuando empezó a aminorar. «Espera», dijo Adam sin pensar. No obtuvo la respuesta deseada; lo había tocado y ahora se iba.

«Seguramente estoy haciendo algo mal», pensó Adam al instante, al tiempo que se aferraba a las últimas oleadas con el deseo de detenerlas. Entonces miró alrededor, estaba viendo el telediario nocturno y hablaban de una guerra en un lugar lejano. Instintivamente cambió de canal. Sintió que la energía titilaba un poco, como si quisiera regresar.

«Ya entiendo», pensó, «a la energía no le gusta la violencia». Adam pulsó el mando a distancia y sintonizó un canal en el que retransmitían viejas comedias, pero la energía seguía alejándose casi al punto de desaparecer. Entonces se puso de pie y corrió afuera, donde la tarde veraniega estaba fundiéndose con la oscuridad de la noche. Un borde del sol se había detenido como una fina rodaja sobre el horizonte. Adam sintió la energía que se detenía tímidamente como una joven antes de un beso. Cuanto más tranquilo estaba Adam, más lo quería la energía.

—Ya entiendo —dijo, esta vez dirigiéndose a la energía. Adam alzó la vista. Altos cirros de tonos rosa y naranja corrían desde el horizonte hasta el cenit como banderas decoradas para un desfile. Cuando miró hacia arriba, la energía creció y se convirtió en una caricia.

«Si pudieras quedarte», pensó Adam. Era una oración melancólica, una oración nacida de la duda. La energía desapareció dejándole un último cosquilleo en la nuca. Esta vez Adam no golpeó.

«El golf es el golf —pensó—, pero esto es algo más».

No había nada que hacer hasta que regresara a la cabaña. Esa noche, Adam se fue a la cama con un recuerdo evocador e inquietante.

Al día siguiente, despertó con un deseo que se convirtió en auténtica ansia y el sábado se preguntaba cómo había podido vivir sin esa entidad desconocida que lo había tocado tan brevemente.

Por primera vez, Wendy lo estaba esperando en la puerta de la cabaña.

—Tienes los pelos de punta —señaló—. ¿Dormiste torcido?

—¿Te estás burlando de mí? ¿Qué era eso? —preguntó Adam. Sus ojos se veían opacos y trastornados por la falta de sueño.

—Tú dijiste que no querías regresar —le recordó Wendy— o algo por el estilo, así que alguien te escuchó.

—Dime qué fue lo que pasó —dijo Adam, incapaz de controlar su ira.

—Felicidades. Conociste lo que es —contestó Wendy, sin agregar nada más.

Adam estaba tan nervioso que sentía ganas de gritar. De hecho, su agitación aumentaba exponencialmente y no tenía idea de por qué.

—¿Qué es «lo que es»? —preguntó.

—¿No te parece una pregunta rara? —dijo Wendy con tono afable—. También podrías preguntar qué es lo que no es. La mayoría de la gente tiene una idea clara de lo que no es.

Entonces abrió cortésmente la puerta de la cabaña como si esperara que su comentario pusiera punto final al asunto. Adam ya se había dado cuenta de que ella solía actuar juguetonamente para atraer su atención. Wendy continuó:

—Lo que es tiene una presencia. Tú sentiste cómo se te acercaba.

—Pensé que alguien me estaba espiando.

—Correcto. Entonces empezaste a prestar atención y lo que es se acercó.

—Quería tocarme —explicó Adam, y el leve recuerdo de esa caricia lo estremeció.

Wendy negó con la cabeza.

—No; no es que quisiera tocarte. Tampoco quería verte. Tú lo creaste.

—Pero me tocó —protestó Adam. Su voz se elevó por temor a que Wendy destruyera aquella maravilla.

—Lo que es no quiere nada —dijo Wendy—. Te estás molestando porque piensas que es algo que viene y va, y crees que vas a perderlo porque te ha tomado mucho tiempo encontrarlo de nuevo.

El tono normalmente desenfadado de Wendy se había hecho más grave. Adam sentía cómo hervía en su interior. En vez de mirarlo, Wendy se giró hacia otro lado y pensó en voz alta:

—Las personas sufren mucho porque tratan de salir de lo que es para entrar en lo que no es.

—Explica eso —murmuró Adam, o tal vez sólo lo pensó.

Wendy alzó la vista como para ver las ramas de un árbol medio seco.

—Cuando estás en el presente estás en la presencia, pero eso no ocurre frecuentemente. Saltas demasiado de un lado para otro.

—¿Y por qué lo hago? —preguntó Adam recuperando un poco la compostura.

Wendy lo miró fijamente. Seguramente se sentía satisfecha, pues su tono de voz se aligeró otra vez.

—Muy bien. Lo que ocurre es esto: imagina que no tienes algo que quieres, algo que deseas profundamente. Tú puedes identificarte con eso.

Wendy lo dijo como afirmación, no como pregunta. Adam sintió que su rostro se encendía. Ella continuó:

—El sentimiento de no obtener lo que queremos duele; también nos recuerda lo inseguros que nos sentimos la mayor parte del tiempo. Si lo piensas, no obtener lo que uno quiere pasa con mucha frecuencia. Demasiada. Por eso, en vez de simplemente sentir el dolor, nos defendemos de la pérdida. Fantaseamos, nos anticipamos o perseguimos éxitos que no significan nada comparados con los que creemos imposibles. Todo eso es irreal. Es lo que no es. Nos hace sentir mejor un rato, pero siempre se derrumba al final.

—¿Y qué hay de la energía? ¿De dónde viene? —preguntó Adam.

—Nadie lo sabe. Quizá es nuestro premio por estar en el juego.

Adam asintió, pero se preguntaba si volvería a sentir esa maravillosa sensación. Su intento de poner una buena cara hizo que Wendy estallara en risas.

—No te sientas tan abatido. No perdiste a tu enamorada.

—¿Quién dice que no? —dijo Adam entre dientes.

—Tienes razón —dijo ella más suavemente—. La razón por la que amamos a alguien es porque queremos probar lo que es. Por eso el enamoramiento se siente más real que ninguna otra cosa y cuando dejamos de estar enamorados todo nos parece un espejismo. Es imposible fingir que estamos en la presencia una vez que se ha ido.

—¿Y cómo regreso ahí?

—Es lo que estás aprendiendo todo el tiempo.

Esta vez Adam aceptó la invitación a pasar a la cabaña. Las explicaciones de Wendy siempre conseguían hacerlo sentir mejor.

Quizá porque él todavía se veía un poco nervioso, Wendy no encendió las luces. El sol de la tarde caía dibujando manchas en el suelo. Ella encontró un lugar iluminado y colocó una copa metálica portátil para putting. Adam tenía una en su escritorio por si acaso le daban ganas de practicar en la oficina.

—Bueno —dijo Wendy—. Vamos a intentar algo verdaderamente difícil.

Ella colocó una pelota de golf a unas dieciocho pulgadas de la copa.

—¿Crees que podrás atinarle? —preguntó.

Como de costumbre, Adam no comprendió, pero en vez de caer en el juego, cualquiera que haya sido éste, hizo un tiro y metió la pelota en la copa. Wendy la recogió y volvió a colocarla en el mismo lugar.

—De nuevo —le dijo—. Pero recuerda: éste va a ser el tiro más difícil de tu vida. No lo hagas al aventón.

Esto despertó la curiosidad de Adam, pero por más que quiso no pudo encontrar una manera de hacer difícil ese tiro, mucho menos el más difícil de su vida. Adam volvió a meter la pelota a la copa y se enderezó.

—Ah, ya comprendo: hago esto cien veces y la luz se encenderá —dijo sonriendo. Ya conocía el ejercicio.

—Sólo una vez más —dijo Wendy.

Antes de que pudiera acomodar el putt, Wendy encendió las luces. Adam escuchó el murmullo de una multitud y vio a un vigilante con un letrero que decía: «Silencio, por favor». Por un momento, Adam se sintió desconcertado. Todavía tenía el putter en las manos y sintió que muchos cuerpos se apretujaban a su alrededor. Cuatro filas de espectadores le obstruían la vista.

—¿Me trajiste a un torneo? —preguntó en voz baja a Wendy, quien estaba a su lado.

—Shh —escuchó desde atrás. ¿Qué debía ver ahí? Frente a él había una sólida fila de espaldas. La tensión se sentía en el aire; entonces, la multitud profirió un quejido. Luego hubo una pausa y otro quejido igual de fuerte, sólo que más afligido.

Wendy lo tomó del brazo.

—Con permiso —dijo tirando de Adam hacia el frente. El tiempo pareció congelarse cuando llegaron ahí. Había dos jugadores en el green, uno de ellos estaba inclinado sobre un putt de dieciocho pulgadas. El putt de Adam. Éste sintió que se le revolvía el estómago.

Wendy no se preocupó por guardar silencio.

—Green dieciocho del Abierto de Estados Unidos. Ése —dijo señalando al jugador que no estaba tirando— acaba de fallar un putt de noventa centímetros, pero aquél

109

—señalando al que estaba inclinado sobre su putter— acaba de fallar también. Nadie puede creerlo. Llevaba la delantera por dos tiros; ahora, sólo por uno.

—Por lo tanto si falla éste —dijo Adam.

—Sería catastrófico —completó Wendy.

Alrededor nadie se movía. Adam y Wendy aparentemente se habían salido del tiempo.

—Es sólo medio metro —dijo Wendy.

«Pero va a fallar», pensó Adam previendo lo peor.

—No, si podemos evitarlo.

Wendy hizo una seña con la mano a uno de los vigilantes, quien corrió hacia ella.

—Tenemos un sustituto —dijo.

—¿Un qué? —preguntó el vigilante.

—Él va a realizar el tiro.

Wendy empujó a Adam hacia adelante. Era como una espantosa pesadilla. El vigilante asintió, el hombre que estaba en el putt se hizo a un lado, y Adam se encontró en el vórtice del universo, un universo en el que todo giraba alrededor del tiro que él habría de acertar o errar.

—No puedo hacerlo —dijo entre dientes en dirección a donde estaba Wendy, pero ella no lo escuchó. Nadie lo hizo. Todos esperaban ansiosos a que hiciera el tiro ganador. Adam se sintió paralizado, incapaz de hacer cualquier cosa, ya no digamos la tarea que le habían asignado. Entonces alzó el putter y cerró los ojos con fuerza. No quería ni ver; sólo deseaba que todo terminara.

—Detente —dijo Wendy, que ahora se encontraba a su lado sujetando el palo con la mano. Nadie se movía.

—Estoy a punto de arruinar todo —dijo Adam.

—De hecho no es así —dijo Wendy con una tranquilidad sorprendente.

—¿En serio?

—Absolutamente.

La confianza de Adam era tal que el malestar de estómago y la parálisis de sus nervios desaparecieron. «Santo Dios», pensó. Ahora estaba impaciente por levantar el putter. Vio cómo la multitud saltaba para verlo y los reporteros se abalanzaban sobre él. Wendy seguía sosteniendo el palo.

—Suéltalo —murmuró Adam.

Ella negó con la cabeza.

—Quieres ser tú el que gane, ¿cierto?

—Me conformo con meter éste —protestó Adam, sintiéndose increíblemente frustrado.

—Como quieras.

Adam no vio que ella hiciera nada, pero de repente el green se encontraba muy lejos. Él estaba en el fairway tratando de acercarse. Su corazón latía a mil por segundo; podía oler la victoria y era algo maravilloso. Sin embargo, ya no era Adam.

«Dios mío», pensó al darse cuenta. «Soy ese hombre.»

Era cierto. Wendy lo había puesto dentro del jugador que pensaba que iba a ganar por dos tiros. Adam sintió la euforia de aquel hombre y el golpe de adrenalina que hizo que la tierra que estaba bajo sus pies flotara. Sólo en el rincón más alejado de su mente, albergaba la sospecha de que las cosas no iban a salir bien.

«Todavía no lo sabe», se dio cuenta Adam. «No puede ver lo que va a ocurrir.»

Adam sintió que caminaba hacia el último green. La multitud rugía en sus oídos. Sintió cómo el hombre saludaba al público y luego miraba a su oponente. Los acontecimientos se desarrollaron. El putt de tres pies se falló.

«Es increíble», pensó Adam. Sintió cómo el hombre se inclinaba sobre el putt de dieciocho pulgadas que definiría el torneo. El ambiente era de total silencio, pero Adam podía sentir el caos de las emociones que se revolvían dentro del hombre. Le pareció que cada momento de su vida pasaba ante sus ojos. El demonio del fracaso se había levantado con toda su furia y el hombre estaba luchando contra él. Su mente se arremolinaba con desesperadas palabras de aliento. Es pan comido. Este tiro es un regalo.

Adam no quiso quedarse al margen a mirar. Quería cambiar la historia y salvar a ese hombre. ¿Pero cómo? Si sumaba la intensidad de su propio deseo simplemente empeoraría las cosas. De pronto supo que sólo había una cosa que él podía ofrecer a un jugador que ya poseía habilidad, determinación, valor y suerte. Adam le susurró suavemente: *Es imposible saber si vas a ganar o a perder; deja de tratar de controlar lo desconocido.*

Adam se preguntó si el jugador lo había escuchado. El putter se elevó y Adam sintió un cambio apenas perceptible en la intención del hombre. La pelota se dirigió hacia el hoyo, pero en vez de bordearlo cayó en el centro de la copa. Un rugido colectivo se elevó al cielo.

Wendy sacó a Adam de ahí al instante. Estaban de nuevo detrás del público y se alejaban sin participar en las porras.

—Lo lograste —dijo Wendy con genuino reconocimiento.

—No hice mucho. Sólo le permití apartarse; él ya tenía todo lo demás.

—Él tenía la pasión; tú le diste el distanciamiento —señaló Wendy—. Eso vale mucho más de lo que se cree.

Adam asintió.

—Vale mucho más de lo que siempre creí.

El triunfo es pasión más distanciamiento. Adam supo que iba a recordar esta lección el resto de su vida.

En el golf

La quinta lección es sobre la energía. El golf se vale de un tipo especial de energía capaz de alternar la fuerza con la delicadeza en cuestión de segundos. Un tiro largo desde el tee activa los grupos musculares más grandes del cuerpo. Sin embargo, cuando estamos en el área de putting, la desaceleración de esa actividad se complica: Los nervios, la inseguridad y la incertidumbre despiertan malos recuerdos de putts errados, mientras que en el nivel físico, el cuerpo tiene problemas para calmarse justo cuando necesita más serenidad.

En cierto sentido, éste es un dilema maravilloso. La energía que mantiene en marcha al universo es la misma que corre en cada uno de nosotros en este instante. Aun el tiro más suave, realizado con la mayor sutileza posible, pone en acción fuerzas que se originaron en el Big Bang. Los maestros hindúes de la espiritualidad seguramente supieron esto, pues sacralizaron la energía vital y le dieron el nombre de Shakti. La energía vital proviene de un lugar interior donde la paz está más allá de la comprensión, tal como lo enseñó Jesús. En ese lugar todo es posible, incluso mover montañas. Aunque pueda parecer ajena a la realidad cotidiana, Shakti es parte de ella; su toque puede sentirse de muchas maneras, empezando por la energía suave y fluida que experimentamos en situaciones límite o en la certeza que alcanzamos en momentos de claridad.

En el golf, lo fundamental es el control de la energía. En los tiros largos, la energía debe tener rienda suelta, pues de otra manera tendríamos que hacer más tiros para llegar al green y no tendríamos buena puntuación. Si no moldeamos la energía en un putt de tres metros, la pelota rebasará el hoyo. En vez de conformarnos con lo que la mente dice, «le daré con todo lo que tengo» o «apenas tengo que tocar la pelota», podemos ir al lugar donde la paz está inextricablemente unida a la energía.

Jack Nicklaus fue famoso en sus inicios porque no respondía al entusiasmo del público. En los videos, su rostro muestra una determinación adusta combinada con una actitud de alerta y una gran concentración. ¿Eso es Shakti? Sí; y también lo es la mirada suave de comunión que muestran otros jugadores cuando están perfectamente sintonizados con su juego. Cada individuo pone su sello particular a la energía vital. Aunque Shakti es una diosa no es lo mismo que el lado femenino de un individuo. Tanto hombres como mujeres poseemos una fuerza guía que moldea nuestra vida al adecuar la actividad a lo que somos de una manera perfecta. Una vez leí que en cada vida hay un punto cumbre, una sola aspiración o triunfo. Todos consideramos héroes a quienes atraviesan el Atlántico en vuelo solitario o establecen un récord olímpico porque logran realizar su aspiración. Sin embargo, esas personas son más que héroes: se han valido de Shakti para alcanzar un objetivo importante en sus vidas. Todos podemos seguir a Shakti; fuimos creados para cumplir nuestras aspiraciones, no para rondar a su alrededor. Todos hemos experimentado, aunque sea fugazmente, momentos en los que decimos: «Estoy haciendo exactamente lo que debo hacer en este momento». En ese instante, estamos conectados directamente con Shakti.

Al igual que la energía que da vida a las estrellas, Shakti no puede crearse ni destruirse; sólo se transforma. De hecho, el cuerpo es transformador, un mecanismo que aprovecha la energía originada en el momento de la creación y la propaga en este instante. La mente es totalmente incapaz de controlar los billones de transformaciones que ocurren en todo momento. La próxima vez que nos sentemos a comer, entrarán a nuestro torrente sanguíneo trillones de moléculas nuevas que portan minúsculos paquetes de energía química que será almacenada, combinada, eliminada, liberada, disipada o conservada. La capacidad para convertir este torrente de energía pura en una estructura hermosamente ordenada se debe a Shakti. Sin Shakti, el azúcar que nutre nuestro cerebro sería azúcar inerte en una taza de café; sin Shakti, las moléculas de oxígeno que mantienen nuestro pulso serían tan pasivas como el gas en el interior de un globo.

Shakti combina la pasión con el distanciamiento.

Ganar por medio del distanciamiento es un concepto que puede desconcertar y desanimar a las personas que identifican el distanciamiento con indiferencia o pasividad. Sin embargo, para ganar debemos distanciarnos del triunfo. Algunos jugadores describen el distanciamiento en otros términos, por ejemplo «estar centrado» o «quitarse de en medio». En última instancia, todos implican desarticular el ego. El ego siempre busca la aprobación exterior; necesita la victoria y se siente abatido sin ella. En todos los deportes, hay un mundo de diferencia entre el rugido de las gradas y el silencio de un vestidor solitario. ¿Esto no debe importarle a una persona espiritual? ¿Es suficiente estar en paz con uno mismo, sin importar el resultado del juego? Si esto fuera cierto, nadie jugaría; todos buscaríamos apacibles retiros espirituales y nos dedicaríamos a meditar.

El triunfo puede ser una experiencia espiritual, pues no sólo satisface al ego. Cualquier experiencia alimenta el alma. El triunfo puede ser dulce o amargo; la diferencia reside únicamente en lo que pasa adentro. El alma desea experiencias dulces, pero aprende de las amargas. Conforme avanzamos atraídos por estos dos polos, crecemos espiritualmente. Cuando apreciamos el drama emocional en el que se desarrolla el golf, podemos comprender por qué éste llega hasta el fondo del alma. En cualquier momento, la derrota puede soltarse de las mandíbulas de la victoria de la misma manera que los tiros más difíciles pueden acertarse. El juego entero es como la vida reducida a su esencia, como un relámpago atrapado en una botella.

Lograr la armonía entre el ego y el alma es uno de los objetivos principales de la espiritualidad.

Las alegrías más grandes de la vida suceden cuando las experiencias internas y externas están en armonía. En esos momentos, el triunfo se siente como un acontecimiento sublime; no nos deja pasmados ni exhaustos, sabe exactamente como lo imaginamos. Esta correspondencia se logra con un proceso llamado rendimiento. Como todos saben, rendirse quiere decir darse por vencido. En términos de espiritualidad, simplemente lo reducimos a darse. Damos sin ningún deseo egoísta de recibir algo a cambio.

Una vez leí que aquella persona que realmente no desee nada de los demás, tendrá todo el universo a su disposición. Con esta actitud en mente, el rendimiento se da con naturalidad; ya no es necesario luchar contra la inclinación del ego a controlar, manipular y aferrarse.

Pensemos en el putting, que siempre ha sido la perdición de los fanáticos del control porque pone a prueba la convicción del ego que cree saber cómo ganar. Ganar no es algo que pueda saberse. El resultado de cualquier acontecimiento pertenece de manera absoluta a lo desconocido. Sólo cuando nos damos y rendimos al putt, éste empieza a caer en el hoyo atraído por un imán o una cuerda. Bajo esas condiciones mágicas, hasta la distancia parece no importar: un tiro de treinta pies entrará con tanta seguridad como uno de dos.

Seguramente ha visto en televisión putts ejecutados a distancias imposibles que no sólo caen en el hoyo, sino que parecen ser conducidos por una cuerda invisible. A veces el jugador casi puede ver la cuerda y camina a zancadas detrás de la pelota seguro de que su trayectoria está totalmente alineada. Todos sentimos la emoción de la magia en esos raros momentos, y las cadenas de televisión disfrutan transmitiéndolos una y otra vez.

Lo que aprendí después de intentar controlar los putts —acerté algunos de quince pies, pero nunca dos seguidos, y fallé una cantidad impresionante de dos pies— fue esto: si no podía controlar la magia, podía rendirme a ella. Me ponía en posición, tomaba el palo como me habían enseñado, miraba hacia el objetivo y hacia mi interior, y le decía al hoyo: «Te voy a entregar mi pelota».

Sólo entonces hacía mi tiro. Tengo la confianza de que siempre hay una cuerda que une la pelota con el hoyo. La cuerda no es un misterio; es una forma de coordinación exacta que sólo puede ser articulada por una inteligencia superior. El putting es un acertijo profundo que se resuelve mejor cuando sabemos que no podemos resolverlo. Al ser conscientes de esto, la puerta de la simplicidad se abre; sólo hay que hacer la representación necesaria sin preocupaciones, repeticiones ni alboroto. (Los putts pagan el exceso de atención con más fallas que nunca; por lo tanto, sin importar adónde vaya la pelota, nada se pierde al hacer una representación simple.) Así nos damos a Shakti, y ella entrará en escena. Dicen que Shakti es mujer porque para cada dios que mora en el silencio debe haber una diosa que baile con él o lo que es lo mismo, siempre debe haber amor. A ciertas personas les puede resultar embarazoso que diga que hago mis putts con amor. Sin embargo, así es. Quiero que la diosa me ayude, y en su sabiduría, ella sólo responde al amor.

La rendición florece donde no hay nada que temer, nada que controlar y nada que juzgar. Quizá ahora sólo podamos rendirnos a la magia un cinco por ciento del tiempo, pero mañana podría ser un diez por ciento.

Shakti no va y viene; siempre está bailando. Ella está bailando alrededor del siguiente hoyo convenciendo al putt de que entre. ¿Y si no entra? Nuestra lealtad no debe vacilar. No nos sintamos tentados a utilizar el consabido además que atrae a tantos jugadores desalentados. Mejor digamos: «Pedí a una diosa que organizara este putt de la mejor manera posible y, para este momento de mi juego, ésa es la mejor manera posible».

En la vida

¿Cómo podemos cortejar a Shakti y hacer que se quede con nosotros? No existe una técnica para esto. En varias escuelas de yoga practican durante años un tipo de respiración conocido como Pranayama cuyo propósito es hacer que una abrasadora energía suba por la columna, una energía llamada Shakti. Una vez que llega al cerebro, la energía abrasadora lo inflama. Otras doctrinas despiertan a Shakti con una meditación prolongada que casi no deja tiempo para nada más. Los que siguen el camino de la devoción, le erigen altares y le rinden culto, venerándola con ofrendas de flores e incienso.

Menciono todo esto para recalcar que Shakti es más evasiva que ningún otro aspecto de la vida espiritual. Por ello creo que la manera más sencilla de cortejarla es con fe. Tengamos fe en que hay una presencia que tal vez nunca percibamos con los sentidos, pero que nos ve, nos conoce y nos guía. Esta presencia nos ha cuidado desde antes del comienzo del tiempo. Ella sabe lo que debemos hacer a continuación; por tanto, si sustituimos con la fe otras formas de tomar decisiones —formas basadas en el cálculo, la preocupación, el control, la necesidad y el ego— el camino de Shakti se mostrará con todo su poder. La vaguedad de mis palabras no es deliberada; la rendición no es un acto que siga un plan o un diagrama. Cada día debemos ensanchar nuestra fe un poco más diciendo: «La respuesta ya está aquí; estoy dispuesto a ver cómo se desarrolla». Esta actitud reporta beneficios con el tiempo porque el poder al que apelamos es tan inmenso que sólo podemos recibirlo progresivamente. Como dijo irónicamente un maestro: «Yo puedo abrir tu Shakti en treinta días, pero harían falta treinta hombres para mantenerte en tierra». Sea paciente. Este poder omnisciente es real y tiene la intención de fluir en usted y de convertirlo en una expresión de los impulsos más elevados del espíritu. Con esta actitud, la fe forja un vínculo con lo milagroso como ninguna otra cosa lo puede lograr.

Lección seis

La pelota sabe todo

A la mañana siguiente, Adam despertó flotando sobre su cama. Al principio no puso atención en este milagro, creía que seguía dormido. Aunque se sentía confundido, recordó su sueño: Estaba en la torre de cámaras del Campo Viejo de San Andrés observando un torneo; era una vista muy agradable, pero sentía pena por los espectadores que estaban abajo porque pululaban como si fueran hormigas a las que les habían destruido su nido. Desde su perspectiva privilegiada, Adam entendió la situación: cada green tenía diez hoyos en lugar de uno. Los diminutos y furiosos oficiales garabateaban marcas negras en su tarjeta cada vez que alguien metía una pelota en el hoyo equivocado, lo que, por supuesto, todos hacían.

«Eso debe ser frustrante», pensó Adam. El Campo Viejo empezó a desvanecerse, pero seguía sintiendo que flotaba. En un segundo estaría de vuelta en la cama. Sin embargo, la sensación no desapareció. Adam esperó un poco más, pensando en qué haría si al abrir los ojos viera que realmente estaba flotando unos centímetros por encima de la cama. Eso cambiaría su futuro: Los periódicos lo acecharían; seguramente lo entrevistarían en la televisión.

«¿Y piensas que van a creerte?» Ese pensamiento puso las cosas en su sitio. Justo cuando Adam decidió guardarse el milagro y no arriesgarse al ridículo público se activó el despertador de la mesa de noche y lo asustó. Estiró la mano para apagarlo y, con decepción, notó que el reloj estaba en el nivel de siempre. Luego abrió los ojos sólo para confirmar que había aterrizado y se levantó dando un suspiro.

No obstante, algo persistía de esa ilusión de milagro. Mientras se cepillaba los dientes y se arreglaba para el trabajo, Adam sentía que se observaba desde arriba; seguía viendo su cara en el espejo como de costumbre, pero la persona que estaba detrás de sus ojos, de alguna manera estaba también arriba de su cabeza, como un gorrión en una rama. Adam condujo hacia el trabajo sin percances, a pesar de que cuando se giraba a uno u otro lado, la parte que veía las cosas desde arriba seguía mirando al frente. Nada era lógico; simplemente era.

«Me partí en dos», pensó Adam, pero después comprobó que no se sentía trastornado ni enfermo. De hecho, ese día se sintió mejor que nunca; lo terminó casi tan fresco como lo había iniciado sin dejarse llevar por las tormentas y problemas usuales de la oficina. Parecía que nada le afectaba a *él*, al que miraba desde arriba.

Adam esperaba un desenlace espectacular, pero nada sucedió. Durante cinco días, el otro Adam simplemente anduvo por ahí.

Un día, se dio cuenta de que había ocurrido un cambio, aunque no percibió el instante exacto en que se produjo. Estaba inclinado sobre su escritorio, perdido entre miles de detalles, cuando de repente notó que ya no eran dos, sino sólo uno. Para el viernes, el otro Adam había desaparecido; la fusión se había completado. No obstante, a veces alcanzaba a detectar la presencia del otro.

—Tengo un gemelo —anunció a Wendy, después de esperar media hora antes de que ella entrara en la cabaña. El día estaba frío; septiembre ya se desvanecía en octubre. Había polvo en el suelo y las repisas de las ventanas; Adam se preguntó por qué Wendy había dejado de limpiar tan meticulosamente.

—¿Y además de ser tu gemelo, tiene alguna otra desventaja? —bromeó Wendy.

—Creo que él no juega —contestó Adam—. Pensé que tú tenías algo que ver.

Wendy negó con la cabeza. Estaba viendo a Adam por el rabillo del ojo, como si buscara algo que no pudiera verse directamente.

—¿Dices que sólo observa? —preguntó cada vez más interesada—. ¿Todo el tiempo?

—Por lo menos hasta donde yo sé.

—Hmm.

Wendy se veía intrigada como nunca antes. Finalmente llegó a una conclusión.

—Encontraste algo que habías perdido hace mucho tiempo: a ti mismo.

—Eso es imposible.

—No —insistió Wendy—. Se trata del yo más elevado que habías olvidado que tenías.

—¿Lo olvidé a pesar de que soy yo?

—Así es. Es olvidarse de recordar o no recordar que habías olvidado, como quieras llamarlo.

Al escucharse, Wendy esbozó una sonrisa. Ese comentario había sido desconcertante, incluso para de ella.

—¿Qué lo hizo regresar? —preguntó Adam, seguro de que recibiría otra respuesta extraña.

—No regresó porque nunca se había ido. Sin el testigo silencioso que participa en cada pensamiento y acto, no podrías existir. No obstante, de alguna manera lo habías perdido. Extraño, ¿no?

—Muy extraño —asintió Adam.

—¿Alguna vez oíste hablar del loco que iba por ahí levantando piedras y asomándose detrás de los árboles?

—¿Y eso qué tiene que ver con…?

—Alguien le preguntó qué estaba haciendo —continuó Wendy— y el loco contestó que estaba buscando sus lentes. «Pero si los traes puestos», se burló el otro. «Por supuesto», dijo el loco levantando otra piedra. «Si no los tuviera puestos no podría encontrar nada.»

Wendy parecía divertida con su pequeña parábola, pero de pronto su humor cambió.

—Todos tienen un yo que han olvidado —dijo apartando la vista de Adam. Aunque era sólo una joven, vestida como siempre con playera blanca y shorts azules, Adam estaba seguro de que había visto el mundo a través de los ojos de *ella*, de la que observaba—. Es increíble cuánto sufrimiento tienen que padecer las personas por un pequeño olvido —añadió Wendy luego de una pausa.

—¿También yo? —preguntó Adam—. Me he esforzado.

—No —contestó Wendy afectuosamente—. Seguramente aprendiste tu última lección. El hecho de que hayas encontrado a tu yo más elevado, demuestra que estás distanciado. En vez de sentirte abrumado por todo lo que ocurre, abriste un espacio para poder distinguir las cosas importantes.

—Ah —dijo Adam. Era difícil abandonar la idea de que Wendy era la que provocaba todo.

—Muy pronto tú mismo vas a convertirte en ese testigo. Ni siquiera vas a reconocer al viejo Adam cuando aparezca el nuevo.

—Yo pensaba que todo esto se refería a mi juego de golf.

—Se refiere a El Juego —dijo Wendy agregando mayúsculas invisibles—. En cierta forma te engañé cuando nos conocimos. Yo no te estoy enseñando nada.

—Pero tú me diste esos tiros perfectos y ese toque mágico en la oscuridad. Tú hiciste todo eso —protestó Adam.

A pesar del aliento constante que le brindaba, Adam sospechaba en secreto que Wendy no pensaba mucho en él. Hasta la capa de polvo que no se había molestado en limpiar parecía un presagio de que un día no muy lejano ella no regresaría.

—No, todo lo hiciste tú solo —dijo Wendy—. Nadie puede enseñarte a dominar el juego porque eres un maestro. Ésa es la única forma de llegar a cuaquier parte.

Adam la miró y sintió un escalofrío en la espalda. La voz de Wendy era tan irrevocable que supo que el final de la búsqueda estaba cerca. No obstante, sólo Wendy sabía qué estaban buscando.

—Tu ser más elevado. Eso es lo que hemos estado persiguiendo desde el principio —dijo Wendy leyendo los pensamientos de Adam—. Es la única cosa que puedes perder aunque la conserves. Es la única cosa que puedes encontrar sin saber qué estás buscando.

Wendy no se movió ni hizo ningún pase mágico en el aire, pero por una fracción de segundo Adam se vio como ella. Vio a un maestro que nunca dudaba, nunca temía, nunca se perdía; que pensaba con su mente y tocaba el mundo con sus sentidos.

«Ésta es la verdad», pensó Adam, aunque se había expandido tan lejos y tan arriba de su yo normal que no tenía sentido llamarlo pensamiento; era un parpadeo en la mente de Dios.

Adam abrió los ojos sin darse cuenta de que los había cerrado.

—¿Wendy? —inquirió.

Como respuesta escuchó el crujido de la puerta desvencijada que se cerraba. Incapaz de controlar su agitación, Wendy había salido de la cabaña. Él la siguió internándose en la fría luminosidad de la tarde.

—¿Wendy?

Adam se encontró solo bajo el roble seco. Wendy no dejó rastro, ni siquiera huellas de sus zapatos. Aunque un momento antes se había sentido lleno de júbilo, Adam sintió una oleada de aprensión.

—¡Regresa! ¡Todavía no hemos visto la lección! —gritó. Su temor lo atrapó. Temió que si Wendy se iba, su doble, el maestro, desaparecería con ella.

La intranquilidad de Adam se desvaneció mientras regresaba por la vieja carretera de tierra. De pronto, dio un giro y se encaminó hacia el campo de prácticas. Recordó que solía ir ahí a tirar alguna cubeta de pelotas para relajarse o pensar. Esta vez no tenía ningún motivo en especial. Simplemente sentía que era algo que debía hacer. A pesar de sus dudas, Adam sentía una nueva confianza. Ya no pensaba que sus impulsos no servían para nada; cada uno era una pista de algo que se aproximaba, una capa de una cebolla sin pelar, una página de un libro lista para pasarse.

Adam caminó en un estado de alerta agudizada hacia la línea de alfombrillas y colocó una pelota. Se puso en posición, consciente de que algo extraordinario iba a suceder. Hizo un swing con soltura; la pelota se elevó y aterrizó cerca de la marca de ciento cincuenta yardas. Si es que había algo excepcional en el aire, ese algo no apareció. Él sólo sintió un ligerísimo temblor al que no prestó atención.

Adam preparó otra pelota y volvió a tirar. Ésta se elevó como la primera, recorrió una buena distancia y cayó cerca de la misma marca. De hecho, cayó a una pulgada de la primera. Adam sintió otro ligero temblor en los brazos.

«¿Qué es esto?», se preguntó. Sin embargo, no hubo ninguna voz del más allá que le diera alguna pista, y considerando la ausencia de Wendy, se preguntó si no estaría perdiendo el tiempo.

Tiró una tercera pelota y una cuarta. Cada una aterrizó exactamente en el mismo lugar. Luego intentó un tiro con los ojos cerrados, el cual cayó tan cerca del anterior que las pelotas chocaron.

Adam se enderezó. Nadie estaba viendo. Sólo había otra persona tirando, un hombre corpulento de pantalones amarillos que estaba demasiado inmerso en limpiar su pelota como para mirar en dirección a Adam. Éste pensó que algo fantástico estaba ocurriendo, pero no podía imaginar qué.

—No estás mirando hacia el lugar correcto —dijo una voz familiar—. Adam no vio cuándo se había acercado Wendy.

—Regresaste —dijo Adam sin ocultar su sobrecogedor alivio. Realmente dudaba que fuera a volver.

—Seguramente ya notaste algo —dijo Wendy al tiempo que colocaba otra pelota para él—. No te preocupes adónde va; eso no va a cambiar.

—De acuerdo.

Ella lo estaba confundiendo como siempre, pero él lo aceptaba de buena gana. Adam hizo un swing igual que los anteriores. La pelota voló para unirse inexorablemente con las demás, las cuales semejaban huevos en un nido. Wendy lo tocó ligeramente en el brazo al final. Adam sintió otra vez un ligero temblor, pero en vez de ignorarlo, lo sintió por más tiempo. El temblor dejó su brazo y recorrió todo su cuerpo hasta el suelo. Él comenzó a contarle a Wendy, pero ésta puso un dedo sobre sus labios. «Escucha.» Adam se concentró lo más que pudo. El temblor continuaba y entonces sucedió algo insólito.

—Moví el mundo —susurró.

Wendy asintió.

—El juego quería que lo supieras. Inténtalo otra vez —dijo ella.

La alerta agudizada permaneció con él. Hizo tres swings sin decir una palabra y en cada ocasión el temblor de sus brazos propagó hasta el suelo una vibración que movió todo el mundo.

«Increíble.» Adam no alcanzaba a comprender, pero tampoco podía resistirse.

—Así ha sido siempre —dijo Wendy—. Cuando golpeas la pelota todo cambia. Nada puede volver a ser lo mismo jamás. Por tu causa y sólo por tu causa el juego cambia, y lo que haces agrega una nueva dimensión.

—Sí —tuvo que admitir Adam—. ¿Pero sirve de algo?

—Sólo tú puedes contestar esa pregunta.

Adam golpeó otra pelota y esta vez el tiro reverberó en todas direcciones. Las cosas cambiaron. Hasta donde su mente pudo detectar, los diminutos electrones de la estrella más cercana percibieron el otro; el brillo de una supernova aumentó minúsculamente. Aunque nadie en el universo podría haberlo notado, Adam sí lo notó.

—¿Qué significa esto? —preguntó, casi imposibilitado para traer a su mente de regreso al pedazo de tierra donde Wendy y él estaban parados.

—Significa que sabes lo que estás haciendo —dijo Wendy—. Mientras no sepas que cada acción cambia todo el universo, no sabrás lo que estás haciendo. No con exactitud. Siempre estarás viendo las cosas demasiado pequeñas. Ahora tú has visto la verdad que incluye todas las cosas.

Adam estaba escuchando pero al mismo tiempo estaba en otra parte. O tal vez podríamos decir que estaba en todas partes. Hizo unos tiros más dejando que su mente flotara en el tiempo y en el espacio. No sólo las galaxias distantes temblaban cuando golpeaba la pelota; el pasado y el futuro también se escuchaban furtivamente. La creación no podía dejar de responder a su juego.

—¿Qué puedo hacer con esto? —preguntó Adam. Su sobrecogimiento era tal que ni siquiera estaba emocionado.

—Puedes soltarte —dijo Wendy—. ¿Por qué las personas se aferran, arrebatan y luchan para conseguir su siguiente recompensa? Porque les asusta la pérdida. Parece increíblemente difícil dejar de aferrarnos a nuestro pequeño lugar en el mundo. Pero si somos parte de todo, ¿qué podemos perder? Cuando actuamos, el universo nos responde con un resultado, el único resultado posible. Esto significa que el universo entero se está expresando a través de ti, aquí y ahora.

Esta vez Wendy no lanzó a Adam una de sus miradas penetrantes. No parecía interesarle si Adam le prestaba atención. Entonces sacó una pelota de la cubeta e hizo un tiro, el primero que Adam vio desde que se conocieron. El swing de Wendy pareció casi descuidado; sin embargo, la pelota aterrizó sesenta yardas más adelante que las de él.

—Creías que iba a caer junto a las tuyas, ¿verdad? —rió Wendy—. No seas tan crédulo. Todos estamos jugando a la vez el mismo y diferentes juegos. No eres el único que está cambiando el universo.

Mientras permanecieron ahí como iguales y terminaron las cincuenta pelotas que restaban, Adam sintió que su inseguridad desaparecía. Sin embargo, el cambio más notable estuvo en el vuelo de las pelotas que golpeaba. Adam ya no consideraba su tiro un resultado; ya no era alineado o desviado, corto o largo, correcto o incorrecto. Cada swing reproducía la suma total de lo que el universo estaba expresando en ese momento. Unas fuerzas que estaban más allá de su imaginación, fluían en ese preciso instante y conspiraban para que la realidad fuera lo que tenía que ser. Como estaba siendo acunado en el vientre del universo, Adam no tenía nada de qué preocuparse. La pelota conocía sus aspiraciones y esperanzas, lo que él había sido y lo que llegaría a ser. La pelota sabía todo.

En el golf

La sexta lección es sobre la condición de impecable. Impecable quiere decir libre de imperfecciones. En el golf, significa ser capaz de hacer cualquier tiro que deseemos. Esto no ocurre así, ni tampoco queda claro por qué. En una frase escrita en la segunda década del siglo xx, Bobby Jones reconoció que hasta los mejores jugadores de golf se acercan al tee con una sensación de inseguridad: «Cualquiera pensaría que si una persona ha golpeado correctamente una pelota de golf un millar de veces, será capaz de repetir la ejecución casi a voluntad, pero esto no ocurre».

La vida sería impecable si nuestros deseos se cumplieran, si cada uno de ellos nos beneficiara y si no hicieran daño a nadie ni a nada.

La vida de todas las personas está impulsada por el deseo. El inicio de un torneo de golf provoca un resurgimiento de optimismo porque todos los jugadores se sienten iguales en el deseo de ganar. El primer tee es como un nacimiento. Invariablemente, surgen los problemas y las complicaciones; en cuestión de minutos se puede destrozar la moral de un jugador, y el deseo de ganar se convierte en el simple deseo de sobrevivir. Todos hemos experimentado este cambio —en el mito del Edén se le llama la Caída—, ¿pero es posible vivir sin que algo salga mal? ¿Podemos volver a estar libres de imperfecciones? ¿Volveremos a ser impecables?

No hasta que no resolvamos el misterio del karma. Los problemas que se interponen entre un deseo y su satisfacción reciben el nombre de karma. En sánscrito esta palabra significa «acción». Sin embargo, no es una acción aleatoria; es una acción personal que determina que nuestra vida avance o retroceda. El llamado karma negativo hace daño porque pone obstáculos, retrasa el progreso y provoca pérdida de energía y falta de dirección. El llamado karma positivo fomenta la energía vital, satisface los deseos rápidamente y proporciona un confiado sentido de dirección. Ambas tendencias están activas en todo momento. (Digo «el llamado» por respeto a la manera impredecible en que el aparentemente negativo o positivo puede suscitar resultados sorprendentemente diferentes cuando uno ve las cosas con perspectiva.)

Cuando el karma se manifiesta, lo hace en hábitos y tendencias que limitan considerablemente el ámbito de lo posible. Los jugadores de golf lo conocen como rachas o bajones. A pesar de invertir en el juego la misma cantidad de tiempo, energía, deseo y habilidad que la semana anterior, en ésta no obtienen los mismos resultados. El karma ha intervenido. Cuando a la mitad de un juego que parece bajo control ocurre un desastre impredecible, el karma se presenta de nuevo.

Aunque se le considera un misterio infinito, el karma es hábito en un noventa y nueve por ciento. Los viejos condicionamientos impiden percibir la virginidad de cada día. Ser impecable implica ser nuevo en cada momento. *Juegue cada juego como si fuera la primera vez*. La vida recomienza con cada respiración, cada palabra, cada pensamiento.

Yo descubrí esto antes de mi primer tiro. Me encontraba en el tee esperando y observaba a otros jugadores. Pronto noté quién tenía el incurable golpe desviado, quién golpeaba la pelota tímidamente, quién la aporreaba con desenfreno despreocupado, quién caminaba con los hombros caídos con contrición y quién barría el terreno a grandes zancadas como si de un campo de batalla se tratara. ¿Qué clase de jugador iba a ser yo? Mi instructora llegó y comenzamos. Ella colocó mi cuerpo en la posición correcta mientras me explicaba cómo realizar mi primer swing. De pronto me di cuenta de que eso era una especie de nacimiento. Nunca había hecho nada mal en el golf porque nunca había hecho nada; no había razón para que mi cuerpo no respondiera perfectamente o tan perfectamente como me fuera posible.

Ese primer día de juego sentí que cada swing estaba determinado por el anterior. Mi segundo tiro intentó corregir el hook del primero; el tercero, la falta de altura del segundo; el cuarto, el regreso del hook. La cadena de causa y efecto creció, eslabón por eslabón. Estaba presenciando la acumulación del karma. No obstante, este proceso fue fácilmente visible al principio. Gradual e inadvertidamente, mis tendencias comenzaron a afirmarse: se desarrollaron hábitos. Era mucho menos exacto y más impaciente de lo que creí. Resulté muy imprudente en situaciones de peligro al confiar más en la audacia que en la estrategia. No podía escapar de la primera regla del karma: *Todo lo que hagas en este momento cambia todo tu futuro.*

En la vida, frecuentemente pasamos por alto esta regla porque las acciones cotidianas son muy pequeñas y la existencia es enorme. La mente no puede aislar las tendencias que van a influir decisivamente a lo largo de los años. Sin embargo, el golf sí está aislado. Es un nítido espejo kármico que tiene la capacidad de poner de manifiesto, casi inmediatamente, la verdad sobre una persona. Conozco compañías que no contratan ejecutivos sin antes llevar a los aspirantes al campo de golf para que, sin ellos saberlo, sean observados por un psicólogo. Se considera que esta inocente estratagema es más reveladora que cualquier entrevista. Como espejo de la vida, el golf es uno de los juegos más perfectos. Cuando alguien habla del misterio del golf, se refiere a esto.

Cada vez que entramos en el campo representamos el drama de nuestra vida en miniatura. En una sola vuelta podemos conocer a una persona: cómo maneja las crisis, cómo trata a los demás, cuánto valor otorga a la inteligencia en contraposición a la fuerza bruta; si rompe las reglas al estar bajo presión y, sobre todo, qué piensa de sí misma.

La pelota presenta una lectura de nuestro karma.

Observe a un jugador que esté hirviendo en cólera en el campo. ¿Qué puede notar? Sus actos tienden a ser descabellados, inmoderados, precipitados, exagerados, abruptos, desiguales, rígidos, descontrolados, ofuscados, altaneros, violentos y vengativos.

Todos estos rasgos están relacionados con la ira y, por más esfuerzo que se haga, si jugamos con ira el resultado tendrá las mismas características:

Descabellados: Intentamos el tiro imposible o el que está más allá de las propias capacidades.

Inmoderados: El tiro está determinado por las emociones, no por el juicio.

Precipitados: Realizamos swings y putts demasiado rápido, sin habernos tranquilizado antes.

Exagerados: El tiro sobrepasa el green y termina por salirse de los límites.

Abruptos: Le pegamos descuidadamente a la pelota.

Desiguales: Los brazos, manos, hombros y caderas pierden la coordinación.

Rígidos: Una parte del cuerpo se paraliza, causando que una parte del swing también lo haga.

Descontrolados: El swing pierde toda precisión, carece de técnica y disciplina.

Ofuscados: Perdemos de vista el objetivo o incluso es difícil ver la pelota.

Altaneros: Ignoramos los consejos.

Violentos: Nuestra intención es lastimar a la pelota.

Vengativos: Queremos vengarnos de la pelota, del campo, de los demás jugadores o de nosotros mismos.

Obviamente esta lista no está completa, pero es suficiente para mostrar lo sutil y penetrante que puede ser una influencia. Un jugador impulsado por la furia, puede triunfar en los deportes de contacto, pero no en el golf. El golf requiere mucha precisión por eso es una maravillosa lente de aumento. La activación de un grupo de neuronas se convierte en un movimiento corporal total;

135

el palo de golf, como un bate gigante de béisbol, expande este movimiento.

Los jugadores hacen mal al rezongar cuando le pegan mal a la pelota o fallan algún tiro. No es que uno le pegue mal a la pelota; la pelota va exactamente adonde nuestra intención la envía. No puede culpársele si cargamos nuestro tiro con mensajes confusos y motivos ocultos. No castigue a la pelota sólo porque sabe todo de usted. Acepte que todas sus características serán ampliadas. Entonces entenderá que su juego es increíblemente complejo. Es imposible predecir qué impulso saldrá a la superficie a continuación o desde qué nivel. En el nivel más profundo tal vez realicemos tiros dignos de un campeón, pero en otro estamos tan asustados como un principiante. Dentro de nosotros convive un feroz competidor con un observador distanciado. Todas estas características están presentes en cada jugador, pero no se manifiestan al mismo tiempo. Las que se revelan son nuestro karma, las acciones que nos pertenecen en ese preciso instante.

Es un error ser fatalista con respecto al karma, pues simplemente da forma a la situación en que nos encontramos y deja en nuestras manos la elección para resolverlas. El karma crea la circunstancia, no las consecuencias. ¿Cómo podemos superar los obstáculos que el karma negativo pone en el camino? La respuesta sonará extraña para algunos: *Sin importar lo que elija, juegue para ser libre*. El karma guarda un secreto: permanecerá con nosotros sólo mientras lo necesitemos. Si creemos que debemos estar en una caja, la tapa se mantendrá cerrada, pero en el momento en que no necesitemos estar ahí se abrirá con el más ligero toque. En el golf, los jugadores que irremediablemente desvían la pelota o que son incapaces de meterla en el hoyo han creado sus propias trampas. No aceptan a ver que no hace falta una voluntad o un esfuerzo extraordinarios para salir de ahí. La necesidad de libertad es increíblemente poderosa; uno sólo tiene que seguir su camino.

Obsérvese, sienta lo que está ocurriendo y actúe.

Cuando estamos atascados en un patrón kármico somos víctimas de viejos condicionamientos. Creemos que estamos viendo la realidad, pero la vemos a través de las lentes del pasado. En gran medida, la vida consiste en liberarnos de viejos patrones. La inercia, la tendencia a seguir el mismo camino de siempre, es la gran aliada del karma, y la vigilancia, la tendencia a mantenerse alerta, su gran oponente. No estoy diciendo que el karma es totalmente negativo. Sin embargo, la experiencia nos enseña que los patrones arraigados, los creamos positivos o negativos, son un lastre que impide mantenernos despiertos y alertas en el momento presente.

Todos los jugadores que desvían irremediablemente la pelota tienen la capacidad de liberarse; sin embargo, resulta mucho más fácil mantener el antiguo drama. Para ver estos dramas en acción, son suficientes unos cuantos minutos en cualquier vuelta para ver las gastadas pautas: el drama de la inculpación, el del control, el de la víctima, el de la aceptación pasiva. Ninguno conduce a la libertad; su única razón de existir es perpetuarse a sí mismos, pues las voces de la inculpación, el control, la manipulación y el retraimiento, sólo pueden sobrevivir si nos convencen de comportarnos de determinada manera.

Una vez que somos conscientes de que esta tendencia nos hace daño, ¿qué podemos hacer?

Sin una visión que guíe, la libertad es inútil. En una situación así, no sólo provoca la sensación de estar perdidos y a la deriva, algo que sin duda vemos por todas partes. Los grandes maestros de la espiritualidad advirtieron a cada persona que viviera con un fin último en mente, *la unidad*, es decir, que viviera unificada con su yo más elevado. En este matrimonio no hay brechas ni separaciones; en todo momento se sabe qué hace falta con exactitud; en vez de usar la pequeña mente individual para calcular qué hacer, se permite que la mente cósmica decida.

Cuando dejamos de aferrarnos a las propias acciones, nos hacemos impecables.

En el momento que alcanzamos la unidad somos impecables. Las acciones que nos acercan a la unidad son conocidas como Karma Yoga, palabras que en sánscrito significan acción y unión. Existen largas listas de cómo comportarnos en el camino hacia la unidad; éstas incluyen dar, confiar, amar, no hacer daño, pensar virtuosamente y obedecer sólo a los impulsos que obran en favor de la vida. Sin embargo, para mí Karma Yoga se reduce a una cosa: actuar desde ese lugar que está en nuestro interior y que ya es libre. Cuando usted tenga que hacer una elección, deje que sus reacciones iniciales decidan. Sea consciente de su tendencia acostumbrada, cualquiera que ésta sea, y póngala a un lado. No se deje llevar por la ira, la inculpación, el control, la manipulación, la pasividad, la discriminación y el retraimiento. Esto es difícil, pero cualquier tendencia, no importa cuán bien haya funcionado en el pasado, refuerza las ataduras con el karma.

Una vez que se haya quitado de en medio, solicite la respuesta correcta, la que beneficiará a todos los involucrados; escuche que lo dice ese lugar de libertad, su yo más elevado. ¿Cómo sabrá cuándo le habla? El yo más elevado no tiene voz. Siempre es silencioso; es un conocimiento sin palabras que nos impulsa inmediatamente a la acción. Cualquier otra voz, sin importar cómo suene, es del pasado. Hasta las palabras más santas son mensajes del ego.

¿Qué sucede si esa acción pura y sencilla no se manifiesta? Siga adelante. Ya ha hecho lo mejor que podía hacer por ahora. Hay otras mil elecciones que lo están esperando. El meollo del asunto es éste: mientras más solicite orientación, con mayor facilidad la reconocerá cuando venga. Siempre hay una comunicación silenciosa entre usted y su yo más elevado. Éste le envía mensajes desde su lugar de libertad y usted los recibe en su condición de cautiverio. Poco a poco los mensajes se hacen más claros. Año con año aumentará la comprensión de su yo más elevado. Descubrirá que nació para alcanzar la libertad porque ya es suya. Cuando eso ocurra, no tendrá otra opción que hacer lo mejor para usted. Desde su lugar de cautiverio se deslizará discretamente al lugar de libertad total. Ésta es la auténtica revelación de la gracia.

En la vida

Llegar a ser impecable es lo mismo que alcanzar la iluminación, por lo tanto, es una empresa de toda la vida. Cualquier técnica para hacer más fácil el viaje deberá aplicarla cada día, cada hora, cada minuto. Deberá ser su compañía de toda la vida, aún más cercana que cualquier cónyuge o amante, porque se trata de una intimidad entre el yo y el yo.

En lo personal, sólo puedo imaginar una técnica como ésa: poner atención. La frase suena inofensiva; normalmente se le usa de manera negativa, como reproche: «No me estás prestando atención». Sin embargo, la atención es la conciencia de lo que somos, de dónde estamos y de qué está ocurriendo, todo al mismo tiempo. Una persona impecable no tiene que ser más lista o más fuerte que nadie. Todo lo que se necesita es no tener lapsus de no atención. Su antena tendrá que estar afuera todo el tiempo o, mejor dicho, adentro porque es un don interior.

Estar despierto todo el tiempo suena exhaustivo; la mente necesita dormir al igual que el cuerpo. No obstante, estar despierto es sólo la aproximación más cercana al concepto que nos ocupa. La atención no significa estar parados sobre las puntas de los pies veinticuatro horas al día como un soldado haciendo guardia. De hecho, atención significa simplemente flexibilidad: Saber cuándo descansar y cuándo actuar, cuándo ir hacia afuera y cuándo hacia adentro, cuándo hablar y cuándo permanecer en silencio.

¿Es necesario entrenarse para poner en práctica esta habilidad en todo momento? No lo creo. Aunque en Oriente los ermitaños pasan toda su vida intentando disciplinar su atención, una de las consecuencias de ser impecable es la espontaneidad. Para ser completamente flexibles hay que estar dispuestos a restringirse. Hoy, como siempre, podemos seguir el camino para llegar a ser impecables:

- Esté dispuesto a redefinirse cada día.
- Advierta cuando caiga en viejos hábitos y creencias, y deténgase tan pronto como se dé cuenta.
- Acepte la responsabilidad total de cada respuesta y sentimiento que tenga; no culpe de ellos a nadie ni a nada.
- Considere al mundo como un espejo que refleja lo que es en este instante.
- Reciba todo lo que esté tratando de llegar a usted. Los mensajes están por todas partes. No tiene que planear con detalle su siguiente paso; éste aparecerá en el momento correcto.
- No actúe ni tome decisiones cuando se sienta inseguro.
- Practique la paciencia hasta que se sienta convencido.
- Asuma que Dios tiene puesta toda su atención en usted.

Éstas no son técnicas sino estados de ánimo y, si los escribe y los lee regularmente, pueden arraigarse como cualquier hábito, pues ser impecable es primero un hábito; luego, un instinto y, finalmente, una manera espontánea de vivir que no necesita recordatorios porque el camino se abre con tanta plenitud como lo hará el amanecer de mañana.

Lección siete

Permita que el juego se adueñe de usted

Wendy había advertido a Adam que evitara sentirse superior a los demás, pero ¿cómo podía hacerlo? Adam dejó sus palos en el maletero del coche durante la siguiente semana, y en cuanto podía salir de la oficina, corría a jugar. Practicó con sus cubetas de pelotas bajo la lluvia y se unió a cualquier grupo que encontraba en el country club. Cada momento libre le ofrecía la posibilidad de maravillarse ante aquello en lo que se había convertido: un maestro. Wendy no le había dicho que era un maestro. No tenía que hacerlo, como tampoco tenía que anunciarle que no habría más lecciones. Adam lo supo con su cuerpo y su mente.

A veces imaginaba al personal de las cadenas de televisión cubriendo su recorrido triunfal hacia el último hoyo en el torneo de maestros, mientras los comentaristas peleaban por descubrir quién era ese *amateur* desconocido, ese deslumbrante fenómeno que había logrado lo imposible al romper el récord del torneo con veinte bajo par.

Adam casi temblaba cuando acomodaba una pelota porque sabía que su siguiente tiro iba a ser asombroso. Cualquiera que hubiera jugado con él antes de que conociera a Wendy, se habría quedado pasmado. Sus largos tiros desde el tee eran disparados por un cañón; sus putts de siete metros encontraban el hoyo igual que una bola de billar en una mesa recubierta por fieltro.

Pero Adam no permitía que nadie de su vida pasada lo viera jugar. No podía imaginarse explicando cómo había logrado esta nueva gloria. Prefería jugar con extraños que asumían que él era un jugador muy, muy bueno que pasaba por ahí y que quería mostrarles cómo se jugaba.

—¿Eres jugador profesional? —le preguntó una tarde un dentista, después de que Adam metió en el hoyo un tiro de dieciocho metros desde un búnker en posición inclinada. (El hecho de que la pelota hubiera caído en la arena debió ser un capricho de los dioses del golf que sólo pretendía mostrarle de lo que era capaz.)

—No, no todavía —dijo Adam en tono enigmático. Le gustaba caminar con un aire de misterio. Sólo lamentaba que Wendy no estuviera ahí para ver sus logros.

Para finales de noviembre, los árboles habían esparcido sus hojas por todo el campo. Los encargados preparaban los greens para el invierno; el rough había crecido y en algunos lugares llegaba a las rodillas de Adam. A veces permanecía en el campo hasta tarde y escuchaba a los chotacabras que cantaban su canción del ocaso y veía a las codornices revolotear alrededor de los oscuros fairways. Adam continuaba jugando —hubiera jugado en la nieve si se lo hubieran permitido— porque cada vez necesitaba saber si el hechizo había terminado para siempre.

La víspera del día de Acción de Gracias fue una belleza; el cielo estaba despejado y el sol brillaba tanto que daba la impresión de que afuera estaba templado. Adam no desayunó para llegar a las ocho en punto al tee. De cualquier forma, nadie iría a la oficina. El primer tee estaba vacío y no esperó a nadie, jugó solo hasta que llegó al tee nueve. Al alzar la vista vio el sol que desaparecía detrás de una bruma de nubes. Un viento cortante sopló desde el norte, y por un momento, parado ahí en el borde del invierno, Adam consideró regresar. Luego el pensamiento pasó e hizo su tiro desde el tee. Lo sintió muy bien (¿acaso no se sentían bien todos sus tiros?), pero extrañamente la pelota viró en el aire como si hubiera recibido un manotazo invisible y se hundió en el rough de la izquierda.

«¿Qué?», Adam no podía creer adónde había ido a parar la pelota. Caminó con dificultad entre la hierba crecida y lanzó un rápido golpe. Esperaba que el tiro fuera corto por lo profundo de la posición, pero nada ocurrió. Había errado completamente. El segundo intento falló otra vez y tenía tanta ira que hizo que Adam diera un giro.

¡Esto no es posible!

Adam apenas tuvo tiempo para pensar esas palabras antes de sentir gotas de sudor helado en el cuero cabelludo. Miró a su alrededor. El viento cortante atravesaba su ropa como si fuera una malla para mosquitos y temblaba de pies a cabeza. Pero no era por el frío; se dio cuenta de que esa misma serie de tiros habían ocurrido en agosto pasado, el día que había iniciado su peregrinaje.

El siguiente tiro, lo sabía, iba a zigzaguear sin ton ni son por el fairway hasta entrar en el bosque. Adam dio un paso atrás sintiéndose enfermo. Esta vez no había en el tee ningún foursome que se burlara de él y tampoco ningún caddie sonriente que fuera tras la pelota. Esos detalles no importaban. Adam imaginó lo peor: que todo había sido un sueño que se desenmarañaba del mismo modo que había comenzado. No obstante, no tenía otra opción más que hacer ese tiro.

Adam plantó los pies cuidadosamente en el suelo e hizo todo lo que le habían enseñado: la pelota llenaba su campo visual; imaginó una línea que unía su corazón con la pelota; hizo un swing sin apresurarse y dejó que éste fuera lo que tenía que ser. Todo fue inútil. La pelota saltó como un ave herida y se introdujo en lo profundo del bosque. Todo se estaba derrumbando y no había nada que pudiera hacer para evitarlo.

Como las hojas ya habían caído, no tuvo que apartar tanta maleza como la vez anterior, tampoco había frías gotas de lluvia que cayeran en su cuello desde los lúgubres pinos.

—¿Quién es usted? —dijo Adam en voz alta. Estaba hablando a la pelota perdida, pero también al hombre que estaba seguro iba a estar ahí.

—¿Algún problema? —dijo una voz, pero no era la voz resonante del misterioso extraño.

—¡Wendy! —gritó Adam. Ahí estaba ella, parada a su lado aunque él estaba seguro de que no había nadie hacía sólo un momento. Adam se había acostumbrado tanto a ella que no se había dado cuenta lo mucho que le entristecía perderla.

—Aquí estamos otra vez —dijo Wendy. Por primera vez, no llevaba ropa de golf. En lugar de los shorts azules y la playera blanca, vestía una larga capa gris. Adam sintió un escalofrío.

—Necesito más lecciones —dijo Adam—. Mi juego se desmoronó cuando te fuiste.

—No, no es así. Éste es tu juego ahora. Busquemos tu pelota. Creo que vas a tirar cinco después de salir de los límites. No; seis.

—Espera —dijo Adam sintiendo que su corazón se hundía—. ¿Mi juego? No; éste es el juego con el que comencé. ¡Es un desastre! Por favor no te lo lleves.

Adam estaba esforzándose por no implorar, pero no podía regresar adonde había estado. No podía perderlo todo.

—¿Crees que has dominado el juego? —preguntó Wendy—. Sólo tenías un puñado de buenos tiros.

—¿Cuál puedo conservar? —dijo Adam ansiosamente.

Wendy ignoró la súplica.

—Si todo lo que tienes es un puñado de buenos tiros, no tienes nada. No hasta que des el último paso.

—¿Cuál es ése? —preguntó Adam.

—El último paso es místico —dijo Wendy ladeando la cabeza como un ave inquisitiva.

Adam casi ríe. «¿Místico?» La palabra sonaba muy peculiar viniendo de ella. Hacía mucho que Adam había dejado de considerar a Wendy un ser humano cualquiera.

Incluso sospechaba que ella era el extraño que había visto en el oscuro bosque, transformada por obra de la capa mágica que parecía tragar su pequeño cuerpo. Wendy continuó rápidamente.

—¿Cómo puedes distinguir entre un buen tiro y uno malo? —preguntó—. Imagina que hace unos meses hubieras hecho un tiro perfecto desde el tee en este hoyo y que nunca nos hubiéramos conocido. ¿Ése sería un buen tiro? Ahora imagina otro que tienes que ir a buscar a treinta pies dentro del rough sólo para ver que el siguiente jugador, que está cien yardas adelante, es alcanzado por un rayo. Podrías haber sido tú. ¿Ése sería un mal tiro?

Como Wendy tardó un rato en decir todo esto y su voz era suave y tranquilizadora, Adam empezó a sentirse menos asustado. Ella lo notó y asintió.

—Cuando das el último paso —dijo Wendy— un buen tiro y uno malo son la misma cosa.

—Eso es imposible —protestó Adam—. Si fuera verdad, no tendría caso jugar.

—He escuchado eso muchas veces —comentó Wendy. Entonces se detuvo para recoger algo del suelo.

—Tómala —dijo dándole la pelota a Adam.

Adam la tomó de mala gana. Cuando empezaba a guardarla en su bolsillo hubo algo que llamó su atención. Hoyos. Toda la superficie de la pelota estaba cubierta de pequeñas muescas. Era una textura familiar, que siempre le había gustado. Al principio, Adam creyó que no había una razón particular por la que había sentido los pequeños hoyos, tal vez la sensación de la pelota en la mano era tranquilizante, ya que era un objeto sólido al cual podía aferrarse. No obstante, había algo más: cada hoyito era distinto. En cada uno pudo sentir un momento de su vida y cada uno había sido una elección.

¿Sí o no? ¿Esto o aquello? ¿Correcto o incorrecto?

—Demasiados para contarlos —murmuró Wendy—. ¿Crees que podrías manejarlos?

Adam no pudo responder porque la textura de la pelota lo mantenía fascinado. La rodó entre sus dedos un poco más.

—Elige un momento —susurró Wendy.

La mente de Adam regresó al momento en que estaba acostado en la cama pensando si debía o no ir a la cabaña por primera vez.

—Bien —dijo Wendy en voz baja—. ¿Qué es lo que ves?

Adam se vio acostado en la cama preguntándose qué decisión tomar. ¿Debía ir a la vieja carretera? ¿Qué podría pasar? ¿Se trataba de una broma? Conforme seguía sintiendo la pelota, cada hoyito le planteaba una nueva pregunta y sin importar cuánto se esforzara por detener su mente, éstas se multiplicaban. Había cientos de razones para encontrarse con su destino en la cabaña donde Wendy lo estaría esperando, pero también cientos de razones para no hacerlo. Su vida entera se proyectó hacia adelante como una carretera en la que cada encrucijada cambiaba con cada elección.

—Elige una posibilidad —dijo Wendy.

Fascinado, Adam hizo girar otra vez la pelota en su mano. Se vio de pie en el límite del camino de tierra; estaba cerrado. No había ninguna cabaña. No había puerta mágica para abrir. Lleno de rencor, dio la vuelta con su empolvado coche y regresó a casa.

—Te ves triste —dijo Wendy—. No te gustaría perderla, ¿verdad?

«La estoy perdiendo», pensó Adam. En ese momento se sorprendió al darse cuenta de que ambos hablaban de Wendy como si fuera alguien más.

—Mira alrededor —dijo Wendy. Adam notó que estaban parados dentro de una densa neblina que había invadido el bosque poco a poco—. ¿Ves esto? —añadió Wendy.

Adam asintió.

—No; me refiero a si en verdad lo ves —insistió Wendy con urgencia.

Adam alzó la cara contra la neblina, asimilándola. Entonces se dio cuenta: la neblina era en lo que había vivido toda su vida. Demasiados momentos, demasiadas elecciones, demasiadas posibilidades para manejarlas. Todas se arremolinaban a su alrededor.

—Todas las personas enfrentan muchos momentos, elecciones y posibilidades —dijo Wendy—. Tú puedes seguir viviendo así o puedes salir de la neblina.

—¿Cómo? —preguntó Adam.

—¿Sabes? Muy pocas personas hacen esa pregunta —dijo Wendy, quien se veía contenta por primera vez ese día—. La neblina es infinita y reconfortante a su manera. Es el hechizo que tememos romper.

Adam soltó la pelota, incapaz de seguirla tocando.

—Recógela —dijo Wendy—. Siente lo que viene en seguida.

Adam retrocedió como si la pelota fuera una granada.

—No muerde —dijo ella—. Sólo es una pelota.

Pero Adam era consciente de algo.

—Si lo hago, ése será el último paso. Ya no habría vuelta atrás.

—Bueno, sí, por supuesto —rió Wendy—, ¿por qué crees que vale la pena el juego?

—No puedo —dijo Adam con voz ronca.

—Lo sé —dijo Wendy suavizando la voz—. Nadie puede. Es una historia muy vieja.

Wendy se agachó y levantó la pelota. Antes de que Adam pudiera reaccionar, la pelota cayó en la palma de su mano y sintió que Wendy acomodaba las manos junto a las suyas de manera que entre los dos sostenían la pequeña esfera blanca.

—Siente otra vez —susurró ella—. Siente lo desconocido.

Adam tembló. Ahora, los hoyos eran infinitesimales. Eran como arena, luego como el polvo de la creación que se cernía entre sus dedos. Él trató de asirlas, pero las preciosas motas se escapaban de sus manos. Podía haberse arrodillado para recogerlas, pero nunca terminaban. Un polvo fino y brillante corría y corría a su alrededor, incesante, inextinguible. Este polvo creaba mundo tras mundo y luego los hacía estallar como burbujas. La creación era destrucción al mismo tiempo, luz desposada con oscuridad, eternidad girando al son del tiempo.

Ahora Adam sabía por qué nadie había dado el último paso por sí solo. Era porque Dios tenía que venir con nosotros. Sólo en Dios todo puede nacer, vivir y morir al mismo tiempo. Durante una fracción de segundo Adam pudo ver a través de los ojos de Dios. La pelota desapareció mientras la sostenía y junto con ella desapareció su mano, luego su brazo y todo su cuerpo. Su sangre y sus huesos se fundieron en el vacío, sus pensamientos se disolvieron y lo único que quedó fue una chispa apenas perceptible, una chispa de vida que flotaba como una hoja en el viento. Él se sentía tan libre de preocupaciones como una hoja, pero era también el viento y, por lo tanto, nunca podría perderse ni estar solo. Esta inefable sensación le dijo algo.

Yo soy.

Entonces todo terminó.

—Asombroso, ¿no? —dijo Wendy.

Adam se quedó sin habla. En un momento había estado posado en el borde del infinito y al siguiente estaba parado en el lodo con una pequeña pelota blanca en la mano. Sin embargo, lo que había ocurrido lo llenó de un vivo resplandor.

—¿Todos llegan a ver eso? —murmuró.

—Sí, en algún momento —dijo Wendy—. Hoy era tu día.

—Mi día —dijo Adam entre dientes. Luego miró a su alrededor y sin pensar se pasó la mano por la nuca; quedó mojada de gotas de lluvia. El sol se sentía demasiado cálido para ser noviembre. De repente se dio cuenta de que había regresado al día en el que había comenzado.

—Creo que tu foursome te está esperando —dijo Wendy.

El bosque, aunque espeso, era poco profundo y Adam pudo escuchar que sus amigos le gritaban a no más de cien pies de distancia.

—Tengo la sensación de que no voy a ganar el Abierto —dijo.

Wendy encogió los hombros.

—Tal vez si practicas unas cien mil horas, pero creo que ya estás un poco viejo para eso.

Adam sintió una ola de desilusión. Los grandes tiros se habían ido para siempre. Wendy sería como un sueño que deja recuerdos tan extraños que no tiene caso compartir con nadie.

—¿Y obtendré algo de esto? —espetó Adam.

—Ya obtuviste todo —dijo Wendy dando la vuelta para irse—. Disfrútalo.

En un parpadeo ella había desaparecido entre las sombras de los pinos. Adam caminó con dificultad de vuelta al fairway. El aire pesado y húmedo del verano caía sobre sus hombros. Cuando colocó su pelota en la posición cinco del noveno hoyo —¿o era la sexta?— no quería tirar.

¿Volveré a ser un perdedor?

Adam suspiró y alejó la idea de su mente. Su foursome estaba esperándolo con impaciencia más adelante. Se puso en posición y levantó el palo. Pudo sentir que éste perdía la línea horizontal, y él perdió la posición en el punto más alto. En el momento del impacto no se escuchó el seco crujido que debía haber habido. Sin embargo, comparado con los dos tiros anteriores, éste por lo menos no lo humilló. Recorrió unas ciento cincuenta yardas y se mantuvo dentro de los límites.

—Nada mal —gritó alguien desde el tee. Se escuchó un breve estallido de risas.

«No, no estuvo nada mal.» Adam se dio la vuelta e hizo un ligero movimiento de cabeza para agradecer a los espectadores. Lo que nadie pudo ver fue la maravilla que ocurrió en su interior. Adam no le había pegado a la pelota. Ni siquiera se había movido. Él era un punto inmóvil a través del cual, en ese preciso instante, el universo había ejercido un minúsculo empujón. No obstante, en ese empujón, Adam sintió el torrente de la vida que manaba inconteniblemente, ansioso de estar en el mundo. La vida no quería otra cosa que nacer en ese momento a través de él.

Yo soy, le dijo el universo con gratitud infinita.

Yo soy, dijo Adam en respuesta. Ya no había neblina. El último paso lo había puesto más allá de los tiros buenos e incluso de los excelentes.

Adam recogió su bolsa de palos y empezó a caminar decididamente por el fairway para que el grupo que venía detrás pudiera tirar. Muchas personas querían jugar ese día, pero sólo una en el campo deseaba algo más. Él quería ver cómo el juego se adueñaba de él. Adam nunca habló de esto con nadie, pero ese deseo guió su vida desde entonces.

En el golf

La séptima lección es sobre la iluminación. Es difícil hablar de la iluminación y aparentemente más difícil practicarla. Para los sabios de la antigüedad, iluminación significaba *Moksha*, liberación. No importa lo brillante que sea la mente o lo desarrollada que esté la habilidad, no podremos llamarnos iluminados a menos que seamos libres. Las personas más sabias han considerado a la vida, a pesar de todas sus alegrías, como una red y, como todas las redes, ésta tiene hoyos. Encuentre un hoyo y salte por él; entonces tendrá Moksha.

Para añadir misterio a todo esto, la red es invisible. No se puede escapar de los giros del destino que hay en ella; y aun siendo maestros, los triunfos se verán manchados por la lucha y en ocasiones por el fracaso. No obstante, el golf es un juego contenido, lo que permite elegir una estrategia y, si elegimos la correcta, puede funcionar también para la vida.

La persecución de la iluminación es la estrategia que nos da la libertad. Cualquier otra, si tiene éxito, sólo reducirá nuestra puntuación. La iluminación se concentra de manera absoluta, en hacer del Ser nuestro mejor aliado. Lo que ocurra con la puntuación se deja en manos de lo desconocido (lo que no significa desentenderse de ella: lo desconocido puede lograr cualquier cosa). Creo que así ven la vida los grandes maestros de la espiritualidad y, si jugaran al golf, su estrategia sería la misma. Una persona libre no tiene necesidad de concentrarse en los resultados; no está atada a la opinión de los demás; nunca violenta ni la más mínima acción; se niega a escuchar al miedo. En otras palabras, deje que el juego se adueñe de usted. Esta estrategia sólo funciona si somos uno con el juego; de otra forma, el juego nos arrastrará de un lado a otro como a una hoja. Tenemos que convertirnos en la hoja y en el viento al mismo tiempo.

Para un competidor nato esto es inconcebible; socava la razón de su presencia en el campo, que es dominar y ganar. Sin embargo, esa estrategia convierte el juego en una guerra y en toda guerra hay sufrimiento. El Bhagavad Gita sugiere que podemos abandonar el conflicto de una vez por todas. Dice que para un yogi, ganar y perder son la misma cosa. ¿Esto es posible en el golf? ¿Es posible que un mal tiro y uno bueno produzcan la misma alegría? Por supuesto, si lo que buscamos en el juego es la liberación.

Todas las personas, no sólo los competidores natos, rechazamos que el fracaso y el triunfo sean lo mismo. Ahora considérelo en el ámbito de las emociones. ¿Qué pasaría si usted pudiera jugar cada vuelta de golf con el mismo entusiasmo? ¿Qué pasaría si pudiera salir del campo con la misma energía y felicidad con la que entró? Así se siente la libertad. Si usted experimenta tensión, dificultad, dolor, ira y frustración, no siente libertad. Por alguna razón, liberarse se ha convertido en un asunto serio. No debería ser así, pues un juego es diferente al trabajo. Cuando jugamos, gozamos el simple hecho de exhibirnos; estamos bajo el sol sin preocupación alguna; los greens perfectamente recortados y la acicalada exuberancia son un paraíso para jugar, un jardín. Todo está preparado para que ocurra algo especial o más que especial.

«Una vez jugué en Houston en un torneo de eliminación para el Abierto», me contó un experimentado jugador. «En un par 5 llegué al green en dos tiros. Teóricamente tenía el tiro para eagle, pero la pelota aterrizó a cien metros del hoyo en la terraza posterior, luego cayó y rodó con un brusco cambio de dirección. Siendo realistas, yo no tenía ninguna oportunidad. Sin embargo, cuando me acomodé sobre el putt, alcé la vista y vi en el cielo un tenue arco iris, un pequeñísimo arco resultado de un chubasco a pleno sol. En ese instante sentí que mis pies estaban fundidos con la tierra. Yo era uno con la tierra y, con absoluta certeza, supe que metería el putt. Cuando hice mi tiro, la pelota cayó a cuatro metros y medio a la izquierda y luego empezó a regresar. Nadie hubiera planeado una trayectoria tan disparatada, pero la pelota llegó justo al hoyo. Sólo unas dos o tres veces en mi vida he tenido ese sentimiento de ser uno con la tierra y, cada vez que lo experimento, meto la pelota.»

Ése fue un momento de libertad pura. No hubo un solo elemento que no entrara en juego; todos lo hicieron. Si somos capaces de apartarnos de las complejidades del juego, podremos trascender nuestras limitaciones.

Ése es el secreto, la clave oculta. Cuando podemos reírnos de un mal tiro, trascendemos la pesadumbre; cuando somos capaces de sentir auténtica alegría por la victoria de otra persona, trascendemos los celos; cuando podemos sentirnos satisfechos con una vuelta que no fue de ochenta sino de noventa y siete, trascendemos la vanidad. ¿Esto es posible? Tengo un amigo que juega al ajedrez en Internet y que cuando decidió, por única ocasión, jugar una partida por el simple placer de hacerlo, perdió. Se sintió muy mal y tuvo que luchar contra una autocrítica que se burlaba de sus esfuerzos. Tal vez hubiera podido encontrar un camino más fácil; pero el punto es que sólo cuando ponemos la mira más allá del resultado, podemos tener la posibilidad de vencer la voz de la autocrítica y de terminar con la frustración que controla los miedos más profundos y oscuros.

En su esencia, el golf es un camino para trascender.

El concepto de trascendencia suena tan serio y grave como todo lo relacionado con la espiritualidad. En realidad alcanzamos la trascendencia cuando encontramos una manera de jugar, de ser libres en vez de estar atrapados. Los antiguos sabios de India vieron mucho más allá del mundo material; decían que si dividiéramos un árbol o una roca en sus elementos básicos invisibles llegaríamos a las mismas energías que forman una estrella, un insulto, una fibra muscular, una célula del corazón, una montaña y un poema. Estas energías primarias siempre están activas. La creación construye y, de inmediato, el deterioro entra en juego. El bien empuja en una dirección y el mal en sentido contrario. La luz invade la oscuridad y ésta regresa furtivamente a reclamar su terreno. Al considerar estos hechos innegables, a uno le quedan dos opciones: dominar estas energías primarias o trascenderlas.

Hemos reducido al golf a la misma alternativa propuesta hace miles de años cuando personas sabias se propusieron encontrar una estrategia para vivir. Podemos luchar o podemos dejar que el juego se adueñe de nosotros. Nadie puede detener las energías primordiales en su insondable trama. Hay un viejo manual de golf de principios de siglo que despertó mi curiosidad porque exponía una visión totalmente racional del juego. El escritor señalaba que cada persona tiene un swing diferente. En su opinión, cualquier intento de adecuar nuestras características particulares a un swing «modelo» era inútil.

Él pensaba que había otro camino y planteó esta brillante solución: Un swing perfecto, dijo, sólo tiene que ser perfecto cuando le pegamos a la pelota. Cinco centímetros antes del contacto y cinco centímetros después, la cara del palo tiene que estar perfectamente alineada. Todo el swing gira alrededor de esta minúscula extensión. ¿A quién le importa cómo se vea lo demás? Los movimientos que anteceden y que siguen al golpe pueden ser como a cada quien se le antoje, siempre y cuando en esas cuatro pulgadas y en esa centésima de segundo estemos perfectamente alineados.

Ésa era una idea brillante, a su modo. Si pudiéramos controlar lo que ocurre en ese minúsculo intervalo tendríamos un swing perfecto. Desafortunadamente, en cada tiro confluye la totalidad del ser de un jugador. El pasado y el presente confluyen en ese instante tenso y vital; el futuro se verá afectado para siempre por el resultado. Incluso si una máquina pudiera mostrarnos con absoluta precisión lo que nuestro palo estaba haciendo una millonésima de segundo antes de golpear la pelota, aun así no podríamos eludir la vasta complejidad del juego. No cabe duda de que en el golf se trata de enfrentar lo desconocido: Cuando nos vemos forzados a encarar cada partícula de lo que somos, lo que hay ahí es más de lo que podemos llegar a conocer.

Trascender no significa apartarnos del juego ni flotar por encima de él. Significa fusión. Nos hacemos uno con el juego. En ese estado de completa unidad nos hacemos libres. Nada se opone. Podemos relajarnos y dejar que el juego nos juegue, como un niño que llega al final del viaje en brazos de su madre.

Cuando nos sentimos completamente seguros, florecen otras cualidades: compasión, bondad, lealtad, amor. Ninguna puede expresarse si estamos inmersos en conflictos, pero en la libertad se presentan con naturalidad. No es posible forzar el sentimiento del amor: amarnos o amar a otra persona porque sabemos que así debe ser. La fuerza mata al amor, así como mata al juego del golf. Una estrategia iluminada, por tanto, se basa en tres premisas que aplicamos con nosotros mismos:

Nunca me forzaré ni me haré daño.
Iré adonde mi felicidad me guíe.
Me permitiré ser quien soy.

Éstas son promesas profundas porque nos enfrentan a las poderosas fuerzas que provocan tensión en nuestras vidas, que nos alejan de la felicidad, que nos exigen ser lo que no somos. Para ganar la libertad debemos actuar como si ya fuéramos libres. A los ojos del alma ya lo somos, así que no estaremos fingiendo; sólo demostraremos que conocemos la verdad. El jugador iluminado deja que los oponentes hagan lo que quieran. Al estar completamente centrados en nosotros, ningún resultado puede dañarnos. Por supuesto, en el nivel que rigen, las fuerzas de la naturaleza nos tendrán a su merced. Un tiro errado no es lo mismo que un hoyo en uno. El jugador iluminado encuentra un lugar en donde no está a merced de las vicisitudes. Ese lugar sólo puede existir en el interior.

Permita que su visión sea su juego. Nadie sabe lo que está más adelante, no sólo en el futuro lejano, sino en el más cercano como el siguiente pensamiento, la siguiente reacción de otra persona, el siguiente fracaso o triunfo. El jugador iluminado tiene devoción por el futuro, pues sabe que eso es *lo que es*. La incertidumbre despierta alegría en vez de pavor cuando abrazamos el misterio. Un famoso físico de principios de siglo, Sir Arthur Eddington, señaló que después de toda una vida de estudiar el cosmos sólo había llegado a una conclusión: «Algo desconocido está haciendo algo que no conocemos».

Cuando transcendemos el juego, disfrutamos su incertidumbre.

Hay una infinita sabiduría en la manera inextricable en que la vida nos está dando forma. Las fuerzas de la naturaleza desbaratan el mundo como a un mazapán y moldean la arcilla del caos. Sin embargo, la persona interior es inmune al caos; todos estamos siendo guiados hacia una conclusión de inexpresable belleza y armonía.

Hace falta tener fe para creer esto. En nuestra visión debemos considerar al Edén como el propio hogar y a nosotros como niños llenos de gracia e inocencia. En el camino a nuestra visión nos quedamos cortos cada día y cada hora, pero cuando existe una visión que guía, los ascensos y descensos parecen importar menos.

En todas las tradiciones de sabiduría espiritual existe el concepto de gracia. La gracia es la condición que más se acerca a Dios. Instantáneamente reconocemos quién está jugando con gracia y quién mecánicamente. A veces creemos que las personas con garbo nacieron así; si definimos la gracia como armonía interna, como cercanía con el alma, entonces es una cualidad que debe adquirirse. En cualquier momento podemos decidir expresar las posibilidades que son inherentes a todos y que necesitan ser cultivadas si queremos que florezcan. Permítame expresarlas en relación con el golf.

Refinamiento: ésta es una cualidad misteriosa que se expresa en un movimiento sencillo, natural y económico. Un jugador refinado hace que el swing se vea fácil. Se siente cómodo con su cuerpo. No lucha con la pelota ni con el equipo ni con el campo.

Dedicación: esta cualidad manifiesta un propósito serio. Cualquiera que sea la actividad que se realice, le damos importancia no por lo que podemos obtener de ella sino por lo que es. Un jugador dedicado no convierte el juego en una demostración del ego; no juega para enfrentar sus habilidades a otros jugadores o a marcadores imaginarios.

Devoción: esta cualidad es la dedicación llevada al punto de la reverencia. La devoción es una humildad afectuosa; nos pone más allá de las humillaciones y los triunfos del ego. Cada giro y cada vuelta es motivo de agradecimiento cuando somos devotos de nuestro juego.

Amor: esta cualidad tiene que ver con el dar. Sólo nos entregamos verdaderamente a aquellos a quienes amamos. Nos alegra ser vulnerables con alguien que nos ama porque al abrirnos nos sentimos más seguros que cuando estamos a la defensiva. Alguien que ama el juego toca la esencia de la última lección: dejar que el juego se adueñe de nosotros.

Lo mejor es poder caminar sobre el fresco césped de un campo de golf y jugar durante una cuantas horas con la gracia que debería impregnar todas las cosas. Recientemente vi a una niña de doce años haciendo tiros en el campo de prácticas. Carecía completamente de swing, pero cada tiro la hacía sonreír y apenas podía esperar que la pelota cayera para colocar la siguiente. La miré por un rato y súbitamente supe lo que sería el tiro perfecto de golf: aquél en el que golpeáramos la pelota y ésta no aterrizara jamás; en el que simplemente desapareciera en la eternidad. Seguramente ella estaba buscando ese tiro. En algún lugar recóndito de nuestro ser, todos lo queremos. Es el tiro que nos hace libres.

Epílogo

Lila

Adam nunca encontró los cientos de miles de horas que hubiera necesitado para ganar el Abierto de Estados Unidos; nunca ganó la chaqueta verde en Augusta y ni siguiera se hizo jugador profesional. Sí se convirtió en un jugador muy, muy bueno, y lo que es mejor: cada día aceptaba más y más un tiro errado con el mismo agradecimiento que un hoyo en uno.

Como había temido, cuando Wendy se fue no hubo nadie con quien compartir sus recuerdos. De vez en cuando escuchaba a alguien hablar elocuentemente del juego —el golf tienta a muchas personas en este sentido—; cuando esa persona llegaba al punto en que era inevitable decir que el golf es muy parecido a la vida, Adam quería agregar: «Claro, pero si vemos con atención, la vida es muy parecida al golf». En sus momentos de reflexión, Adam redujo las lecciones de Wendy a esa frase.

¿Por qué era necesario que un maestro divino, un ángel o una diosa, le enseñara eso? Porque si juzgamos con base en la superficie, es imposible adivinar que la vida es un juego. Con frecuencia parece una lucha increíblemente difícil e, incluso cuando va bien, la vida no

163

cuenta con reglas bien definidas como el golf, con su elegante forma ni con su tranquilizante línea entre el fairway y el exterior. Cada persona tiene que encontrar una estrategia para vivir. El enfoque de Wendy con respecto al golf sugiere que la vida puede vivirse desde el nivel del espíritu. Ella enseñó a Adam *lo que es* y, si nos alineamos con *lo que es*, podemos dominar la vida.

1. *Somos uno con la pelota:* La primera lección dice que la vida está entretejida con el todo; todo lo que vemos alrededor expresa una faceta distinta de la misma unidad. Esta lección está al inicio porque establece de qué se trata el juego: de ir más allá de la separación. Cuando estamos separados no percibimos la unidad y, por lo tanto, debemos aprender a encontrarla de nuevo.

2. *Respete la naturaleza del swing:* En la separación no sentimos el respaldo del espíritu, por lo tanto, nos sentimos solos en la lucha. Cuanto más estemos dedicados a la lucha, más profunda se hace la separación. La salida consiste en entregar una parte de la vida diaria a Dios (o al universo, si esa palabra es más cómoda). En todo nivel, la vida es capaz de conducirse sin interferencias. Tenemos que probar esta noción antes de que pueda hacerse realidad en nuestra personalidad.

3. *Encuentre el ahora y hallará el tiro justo:* El espíritu actúa en el momento presente. Cuando la Biblia dice: «Busca y encontrarás, toca y la puerta se abrirá», la puerta en cuestión es el ahora. Es inútil revivir el pasado o anticipar el futuro. Ambas acciones nos separan y nos

mantienen alejados del lugar donde espera el espíritu. La ayuda y la curación están en el ahora.

4. *Juegue del corazón al hoyo:* Aunque la mente puede arreglárselas para resolver problemas, existe una manera más eficaz de hacerlo. Albergue un deseo en el corazón y luego deje actuar al espíritu. Esta técnica, presente en todas las tradiciones de sabiduría espiritual, es la más difícil de practicar para el hombre moderno, pero si se prueba, funciona. Existe una conexión intacta entre lo que deseamos y su resultado. En la separación rompemos ese lazo; en la unidad lo restauramos.

5. *El triunfo es pasión más distanciamiento:* El espíritu no resuelve los problemas de la vida como un empleado que corta el césped mientras dormimos en la hamaca. Debemos lanzarnos de lleno a los retos de la vida con dedicación y entrega. Sin embargo, hay que tener en mente que uno no hace que las cosas ocurran; somos testigos silenciosos, observadores en el centro de la actividad.

6. *La pelota sabe todo:* Hace falta toda una vida para confiar plenamente en que existe una inteligencia superior que puede hacerse cargo de todo. La desconfianza hace que nos esforcemos para controlar los resultados. Muchas veces tendremos éxito, pero en el proceso estaremos alejándonos de la verdadera meta: abandonar la separación. Es útil recordar que el espíritu no está aquí un día y al siguiente no. Está presente siempre; por lo tanto, sabe qué hacer en todo momento.

7. *Permita que el juego lo juegue:* En la última lección, lo más difícil se vuelve increíblemente sencillo. Lo más difícil es abandonar toda necesidad de controlar. Siempre tenemos la tentación de decir que sabemos mejor que Dios qué es lo mejor. Pero si somos Dios —esto es, si somos espíritu— ¿cómo podemos saber algo mejor que nosotros mismos? La libertad llega cuando vemos la contradicción intrínseca de manipular algo que se desenvuelve bien. A esto se referían los maestros de la espiritualidad cuando decían, cada uno a su manera: «No trates de dirigir el río».

Adam tuvo suerte. No por haber conocido a Wendy, pues nadie tiene suerte en esto. Cuando estamos listos, el universo siempre nos muestra lo que necesitamos saber. Adam tuvo suerte de enamorarse.

No era un secreto para él que estaba enamorado de Wendy a pesar de la diferencia de edades (y a pesar del hecho de que, como sospechaba, ella también tomaba la forma del misterioso hombre con quien se encontró la primera vez en el bosque).

El amor es el maestro más afectuoso y el único que puede vencer a la resistencia de la mente. Adam podría haber tardado años en aprender una de estas lecciones, pero su ego, con todos sus obstinados hábitos y condicionamientos, no era rival para el amor. Imagino que por las noches Adam soñaba con Wendy. Se haya tratado de un ángel o una diosa, ella era Lila, la personificación del juego divino. Ella había cautivado a Adam, y cada vez que sonreía o se encogía espontáneamente de hombros le recordaba que es posible vivir con alegría en el corazón. De hecho, éste es el don más valioso de todos y el más difícil de adquirir en medio del estrés. Los papeles que desempeñamos producen olas de placer y dolor que nos lanzan de un lado para otro como a corchos en el mar. Sólo podemos reír cuando comprobamos que ningún papel en realidad nos representa. Los papeles existen para que el espíritu pueda tomar forma; somos ese espíritu que sobrevive a todas las figuras y formas. Estaremos aquí mucho después de que una imagen nuestra se haya disuelto para permitir al espíritu asumir otra.

En los sueños de Adam, Wendy nunca tenía el mismo aspecto. Ella cambiaba porque Lila cambia incesantemente de forma. No obstante, la apreciaba por lo que era. Una noche Wendy fue a susurrarle al oído el secreto de la inmortalidad: «Los sueños van y vienen, pero el soñador permanece».

Hasta que no escuchemos ese susurro, usted y yo no volveremos a encontrar el jardín del Edén. El golf nos ofrece una oportunidad. El chasquido del palo contra la pelota toca la puerta del jardín, el silbido de su vuelo es el viaje de vuelta al dichoso comienzo y la caída en espiral al hoyo es, por un brevísimo instante, el regreso al paraíso. Puedo imaginar otras actividades que aporten más a los asuntos prácticos de la vida, pero ninguna que refleje tan perfectamente nuestros sueños.